目标！

启动梦想程序的快捷方式

〔美〕博恩·崔西 著 姜 锐 译

四川人民出版社

图书在版编目（CIP）数据

目标！／（美）崔西著；姜锐译．—成都：四川人民出版社，2014.1（2021.1重印）
ISBN 978-7-220-09121-6

Ⅰ.①目… Ⅱ.①崔…②姜… Ⅲ.①成功心理—通俗读物 Ⅳ.①B848.4-49

中国版本图书馆 CIP 数据核字（2014）第 013844 号

著作权合同登记号　图字：30-2011-075

Copyright © 2010 by Brain Tracy
Copyright licensed by Berrett-Koehler Publishers
arranged with Andrew Nurnberg Associates International Limited
Simplified Chinese edition copyright© 2012 by Beijing Reader's Cultural & Arts Co., Ltd
All rights reserved

MUBIAO

目标！

〔美〕博恩·崔西　著　姜锐　译

特约编辑	张　芹
责任编辑	张　丹
封面设计	朱　红
版式设计	北京乐阅文化有限责任公司
责任印制	聂　敏
出版发行	四川人民出版社　（成都槐树街2号）
网　　址	http://www.scpph.com
	http://www.booksss.com.cn
	E-mail:scrmcbsf@mail.sc.cninfo.net
发行部业务电话	（028）86259457　86259453
防盗版举报电话	（028）86259457
照　　排	北京乐阅文化有限责任公司
印　　刷	三河市中晟雅豪印务有限公司
开　　本	152mm×215mm
印　　张	8
字　　数	156千字
版　　次	2021年1月第2版
印　　次	2021年1月第1次印刷
书　　号	ISBN 978-7-220-09121-6-01
定　　价	58.00元

■版权所有·侵权必究
本书若出现印装质量问题，请与我社发行部联系调换
电话：（028）86259453

献给我的良师益友、我的商业伙伴兼顾问、我见过的最有目标的人之一——乔·特雷纳。

前　言

《目标!》第一版于2003年出版以来,已被翻译成20多种语言,在全世界大受好评,是迄今为止关于目标制定与完成方面的最畅销的书。

现在,为了顺应更加不确定的经济形势,第二版出版了!它将给你提供更为迅速和有效的帮助。

感谢凯瑟琳·阿姆斯特朗、萨拉·简·霍普和贾尼丝·拉特利奇对本书的审阅和建议;感谢我的同事兼好友科德·库珀对书稿的修改,感谢他加入新的材料让全书更易读。感谢你们的付出,让《目标!》第二版的质量得以大幅提升。

本书写给那些雄心勃勃、希望早点出人头地的人。如果你觉得自己正有志于此,那么本书就是写给你的。对于你要实现的那些极其重要的目标,本书各章节中提供的那些方法都可以令你事半功倍。

我曾在54个国家的200多万名听众面前演讲过5 000多次。我的演讲少则5分钟,多则5天。每次演讲时,面对特定的听众和话题,我都力图与大家分享我能找到的最好的主意。在就不同话题进行了数不胜数的演讲之后,如果你只给我5分钟,让我出一个主意帮助你获得更大的成功,我会跟你说:"把你的目标写下来,制订实施计划,然后每天依此行事。"

如果你采纳这条建议，那么它对你的益处将胜过你能学到的其他任何东西。不少大学毕业生都跟我说，这个简单的行动比他们在校四年的学业都更有价值。它改变了我和其他成百万人的生活。你的生活也可以因之而改变。

转折点

前些时候，一群成功人士齐聚芝加哥，聊起了他们的生活经历。他们都是百万乃至千万富翁。像大多数成功人士一样，他们为人谦逊，对生活的历练和自己取得的成就满怀感激之情。当他们谈起因何得以在人生历程中所获甚丰时，其中智慧出众的一人提到，就他自己而言："成功是目标，余者皆为注解。"

你的时间和生命都是珍贵的。对你而言，对时间和生命最大的浪费，莫过于用数年时间实现几个月即可达到的目标。如果你采取本书所提供的切实可行的步骤来制定和实现目标，定会事半功倍，其功效超乎你的想象，你进步的速度也会令你的同仁倍感惊讶。

追随，但不盲从

采取书中所述的简单易行的办法，你能在短短数年甚至数月内从一文不名的穷小子变成腰缠万贯的大富翁，你将从身无分文和垂头丧气的困境中解脱出来，并感到万分的满足。你将远远地走在你的朋友和家人之前，与你认识的大多数人相比，你将成就斐然。

通过我的演讲、谈话和咨询，我已与全球200多万人进行过交流。我发现，智力平平之人因目标明确，其成就会远在不知所从的天才之上。

我的个人目标长久以来都未曾改变，那就是：使他人因为我的努力，得以更快地实现目标。

本书内容均为我关于追求目标、获得成功等方面所获心得的精华。采取书中所讲的步骤，你定会走在生活的最前沿。对年轻人而言，本书有如地图和路标，可以指引你们实现心中的目标；对我的朋友和读者来讲，我写作此书的目的则在于提供一套经过实践检验的体系，遵循这一体系即可使你们的生活驶上快速前进的轨道。

来吧！一次崭新而了不起的历程就要开始了。

前言

目 录

第 1 章 释放你的潜能   1

第 2 章 把握自己的生活   11

第 3 章 认清自己的价值观   21

第 4 章 解析自我信念   31

第 5 章 开创自己的未来   43

第 6 章 确定自己真正想实现的目标   53

第 7 章 目标要明确   65

第 8 章 千里之行，始于足下   73

第 9 章 制定并完成自己的经济目标   85

第 10 章 成为行业里的专家   97

第 11 章 改善你的家庭生活   113

第 12 章	关注你的健康	127
第 13 章	衡量自己的进展	137
第 14 章	清除障碍	147
第 15 章	跟值得交往的人交往	159
第 16 章	制订行动计划	169
第 17 章	把握好时间	181
第 18 章	每天温习自己的目标	193
第 19 章	不断描绘理想图景	203
第 20 章	开启自己的超意识	215
第 21 章	坚持,直到胜利	225
结论篇	今天就行动起来	243

第 1 章
释放你的潜能

> 人生重要的不是所站的位置，而是所朝的方向。
>
> ——奥利弗·温德尔·霍姆斯

我们生活在一个伟大的时代。对那些富有创造力、意志坚定、力求成就卓著的人而言，如今的机会比过去多得多。尽管社会经济生活和我们的个人生活中总有起起落落，但在这个时代，和平与繁荣仍远在历代之上。

起步维艰

18岁那年我就从高中辍学了。我的第一份工作是在一家小旅馆的厨房里洗盘子，后来又洗过车、擦过地板、当过门房。随后的几年里，我四处闯荡，干过各种各样的活，靠力气吃饭。我在农场和牧场里干过活，在伐木场里用链锯锯木头，伐木季节过了就挖井。我还做过建筑工，在北大西洋的一艘挪威货轮上当过水手。那时我常睡在我的车里或者租金便宜的公寓里。23岁那年，我在收获季节给人打短工，在一户农家混饭吃，晚上就睡在马棚里的干草上。我没受过多少教育，没学过什么技术，等收获季节到了头，我便再次失了业。

等到我再也找不到力气活干的时候,我就干起了推销,就是俗称"门到门"的那种上门推销。我常常忙活一整天才能卖出一份商品,然后用挣来的钱交房费,好让自己晚上有个地方睡觉。就人生而言,这可不是什么了不起的开始。

改变我生活的那一天

后来有一天,我拿出一张纸,给自己写下了一个不可思议的目标,那就是每个月靠"门到门"式推销要挣到1000美元。这张纸被我胡乱一折扔在一边后,就再没找到过。

目标!

但是30天过去了,我的生活居然整个改变了。我找到了一种推销策略,从第一天起它就让我的收入翻了三番。那时正好我的老板把公司卖给了一个刚来到镇上的企业家。在我写下那个目标的整整30天后,新老板把我叫过去,把我的工资涨到每月1000美元,并让我主管推销,教推销员学习我的推销秘诀,我答应了下来。从那以后,我的生活就完全不同了。

其后的18个月里,我又换了两次工作,并从推销员成了销售主管。我招募并组建了一支95个人的推销队伍。我从前的生活是吃了上顿愁下顿,而现在是吃饱了就出去散步,口袋里装满了20美元一张的钞票。

于是,我开始给我的推销员上课,教他们如何把自己的销售目标写下来,如何有效地进行推销。他们的收入转眼就翻了十番。如今,他们中的许多人都成了百万甚至千万富翁。

起起落落

需要提醒你的是,从我20多岁当销售主管以来,我的生活并非总是一帆风顺的，有许多的起起落落，时而得意、时而失意。我曾到90多个国家旅行、生活、工作过，学过法语、德语和西班牙语，干过22种不同的工作。

由于不够成熟，有时干脆就是头脑简单，我好几次把辛辛苦苦挣来的钱"打了水漂"，最后不得不从头再来。一旦落到了这种境地，我就会坐下来，找张纸，用我在书中介绍的办法给自己定下新的目标。

几年过去了，回顾以往的经验教训，我最终把学到的心得总结成了一套完整的体系。通过把这些主意和策略归纳合一，我制定出了一套设立目标的办法和流程，每天身体力行，确保它的执行有始有终。

一年下来，我的生活又发生了巨变。那年的1月份，我住的是租来的公寓，里面摆的是租来的家具，还欠了35 000美元的债，开了辆值不了几个钱的二手车。到了年底，我住在我自己的价值10万美元的套房里，开着辆新奔驰，还清了欠债，银行里还存着5万美元。

自那以后，我开始严肃认真地对待"成功"这件事。我意识到认准了目标能产生极大的威力。我花了成百上千小时的时间来看书，研究如何制定和实现目标。然后，我把自己找到的最好的主意制定成一套流程，这套流程已经过实践检验，被证明是行之有效的。

谁都能行

几年之后，我开始举办研讨会、学习班，把我的经验推而广之。我把我教授的内容制成录音和录像带，以便于他人学习。本着这一原则，如今我已在全世界范围内用不同的语言培训了成千上万的人。

我发现,这些经验和方法放之四海而皆准。可以说,在任何国家,无论人们的教育程度高低、生活经历多寡或是起点如何,这些经验和方法都十分管用。其最引人入胜之处,在于使得我和其他成千上万的人可以完全把握自己的生活。系统制定目标的日常实践可以使我们脱贫致富、化沮丧为满足,可以使我们由成绩平平变得成就斐然。

开创自己的天地

也许人类历史上最伟大的发现就是:心智的力量几乎可以塑造你生活的各个方面。在这个由人缔造的世界里,你周围的每种可见之物都源自某个人的心智火花。生活的一点一滴都始于一个念头、一个愿望、一种期望或是一个梦想。你的思维充满了创造力,它打造了你的世界,左右着你的经历。

从所有与心理学和成功学相关的经验中,都可以获得这样的要义:人们心中所常想的,即为他们的未来。外在世界最终会成为自我的一个映像,我们可从中窥见自己心中所想。无论我们想什么,它总会不断地化为现实。

成千上万的成功者都曾被问及心中常想的是什么,最普遍的回答是:"想得到什么"和"如何得到"。

不成功、不开心的人,常想也常说什么是他们不想得到的。他们大部分时间都在喋喋不休地念叨他们的问题和担心,以及谁该为自己的现状负责;成功者则把自己的心思和谈话内容放在他们最希望实现的目标上。

目标不明确的生活就像在大雾天里开车,不管你怎么铆足了劲,车还是开不起来,哪怕是在最平坦的路上;而目标一旦明确，大雾即被驱散，你可以集中精力，奋起直追。有了明确的目标，你就可以加大油门，在生活的竞赛中一路领先，向着心中所想的目标飞驰而去。

你拥有自发性搜寻目标的能力

想象一下做这样一件事：你把家鸽从窝里抱出来，放在一个笼子里，用毯子把笼子包起来，然后放在一个箱子里，再把箱子塞进一辆货车的货仓里。随后，你可以顺着任意方向开出1 000英里（约1 600公里），然后打开货仓、搬出箱子、撤下毯子、把家鸽从笼子里放出来，它会扑扇着翅膀飞到半空中，转上三圈，然后千里迢迢地飞回窝里，不差毫厘。除人之外，地球上再无任何其他生物具有如此不可思议的寻踪能力。

家鸽千里之外找到家的本事你也有，而且你的本事更大。当你目标明确的时候，你甚至不必知道目标究竟在哪里，如何才能达到。只要你弄清楚自己究竟想要什么，你就会准确无误地奔向你的目标，而你的目标也会准确无误地冲你而来，在恰当的时间和恰当的地点，你与你的目标会不期而遇。

由于源自你头脑深处的这一令人难以置信的控制装置，无论你的目标是什么，你几乎总是可以实现它。如果你打算晚上回家看电视，你差不多肯定可以做到。如果你的目标是过上健康、快乐和富足的生活，你也一样可以做到。就像电脑一样，你搜寻目标的能力是不言自明的。无论你把什么样的"程序"输入了这台"电脑"，它都能够不断地、自发性地实现你的愿望。

老天爷是不在乎你目标的大小的。如果你定的目标不高，你的自发性搜寻目标的装置会帮助你去实现它；如果你的目标远大，这种天赋的技能也一样可以督促你变目标为现实。你考虑的诸如目标的大小、具体的内容等问题大多数情况下都完全取决于你自己。

为什么人们不制定目标

有这样一个问题问得很好：如果搜寻目标的能力是自发性的，那么为什么没几个人能这样制定目标，把它明确地写在纸上并且每天都坚持付诸实施呢？这是生活里最大的谜题之一。我相信其中的原因有如下四点：

认为制定目标不重要

首先，大多数人都没有意识到制定目标的重要性。如果在你成长的家庭里没人制定目标，或者你的圈子里既没人谈论它，又没人把它当回事，那么等你长大以后你就难以理解。制定目标和实现目标的能力对你的生活的影响比其他的能力都大。看看你周围，你的朋友和家人里有几个有明确的目标并能将之付诸实施？

不知道该怎么做

其次，他们不知道一开始该怎么制定目标。更糟糕的是，很多人以为他们已经有了目标，但那其实不过是一堆空想、一堆白日梦罢了，比如，"我要快乐"、"我要多赚点钱"、"我要好好居家过日子"，等等。这些根本就不是目标。它们不过是些幻想，人人都有。目标跟幻想有着本质的区别。目标是明确的、具体的、写得出来的；目标可以很容易跟别人讲，而且可以讲得简明扼要。你可以衡量一个目标的难易程度，什么时候它实现了，你心里自然知道。

在任何一所重点大学里，学生们连一小时关于制定目标的课程都不用上，就能拿个不错的学位。好像对于通过制定目标来获取成功的重要性，那些给中学和大学制定教学内容的家伙们却一无所知。而且如果你像我一样，在成年之前对关于目标的事情闻所未闻，那么对于如何制定目标，你当然也会一无所知。

害怕失败

再次，他们害怕失败。失败会让人觉得难受，无论是情绪上还是经济上，都会让人觉得沮丧。每个人都曾经历过失败，每次我们都会下决心以后要更小心，以避免失败。很多人会因此避免制定那些可能会导致失败的目标，这样就无意中耽误了自己。到头来，他们取得的成绩比他们原本可以达到的水平要低得多。

害怕人家笑话

最后，他们害怕别人笑话。很多人担心，如果自己制定了目标又没能实现，会被别人说三道四和笑话。这就是你制定了目标以后要保密的原因之一。跟谁都别讲。取得的成绩可以让别人看，但是你的目标可别提前告诉他们。只要他们不知道，就没法笑话你了。

成为顶尖的3%中的一员

马克·麦考马克在他的《哈佛学不到的经营策略》一

书中提到了哈佛大学在 1979～1989 年间开展的一项研究。1979 年,哈佛 MBA 的毕业生被问及这样的问题:"你是否有明确的目标并把它写下来了?你是否已经制订好了计划来实现它?"结果,只有 3% 的毕业生做到了;13% 的人有目标却没写下来;其余 84% 的人除了打算离开学校以后好好过个暑假以外,什么目标也没有。

十年以后,也就是 1989 年,研究人员又找到了当年那批毕业生。他们发现,当初那 13% 的制定了目标、但是没写下来的毕业生挣的钱,是那些没有目标的 84% 的两倍。而最惊人的是,当初那些目标明确、又将其写了下来的 3% 的毕业生,他们挣的钱平均是其余 97% 的人的十倍。这些毕业生之间唯一的区别,就在于他们中的那 3% 的人毕业时目标明确。

过得好需要有目标

厄尔·南丁格尔曾经这样写道:"幸福就是在不断进步中把一个有价值的愿望——或者说一个目标——变成现实。"

只有在你一步一步不停地向着对你而言甚为重要的目标前进时,你才会真正觉得幸福。维克多·弗兰克尔是"存在主义分析治疗"的创始人,他说过,人类最大的需要就是活得有意义、有目的。

目标让你的生活有了意义和目的,它给你以方向感。当你向着目标努力的时候,你会感到越来越幸福、越来越坚强、越来越有活力和效率,你会对自己和自己的能力越来越有信心。你向目标迈出的每一步都会增强这样一个信念,即你在未来可以制定和实现更高的目标。

与以往相比，如今的人们更害怕变化、担心未来。制定目标的好处之一就是让你可以把握生活变化的方向，它会让你确信，生活中的变化基本上是由你自己决定和主导的。目标让你得以把生活的意义和目的渐渐渗透到你所做的每件事中去。

古希腊哲学家亚里士多德的重要理论之一是：人是一种为目的而生存的生物。"目的"这个词源自古希腊语，它的词根在古希腊语里的意思就是"目标"。亚里士多德曾这样说过，所有的人类活动在某种程度上都是有目的的。只有当你所做的事情让你离你想得到的东西越来越近的时候，你才会觉得幸福。所以问题在于：你的目标是什么？你的生活有什么样的目的？等你忙完了，你希望能走到何处？

获得幸福的关键

制定目标、每天朝着它努力、最后实现目标，是获得幸福的关键。制定目标这件事本身就充满力量，在你朝着目标迈出第一步之前，你只要想想它都会觉得高兴。

为了释放你的全部潜能，你应该培养这样一个习惯，就是每天都制订计划并加以实施，直到你生命的最后时刻。你应该如一束激光般聚焦在你的目标之上，让你自己日思夜想的都是你希望得到什么，而不是不希望得到什么。你必须在此刻就下定决心，要像制导导弹或者家鸽一样，准确无误地向着你认为重要的目标奔去。

对于你想得到的东西，要不停地努力去获取它，除此之外没有什么能确保你生活得长久、幸福、健康、富有。明确的目标会促使你释放出全部潜能以获得生活和事业上的成功。目标可以使你跨越任何障碍，让你的前途不可限量。

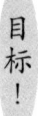

目标！

释放你的潜能

（1）想象一下，假如天赋和能力可以让你实现你为自己制定的任何目标，那么你究竟想成为什么样的人？你想拥有什么？做到什么？

（2）什么样的活动赋予了你生活的最大意义和目的？

（3）观察一下你目前的个人生活和工作情况，了解你的观念如何创造了你的世界。你要改变些什么？或者你能改变些什么？

（4）大部分时间你在想些什么？说些什么？什么是你想要的？什么是你不想要的？

（5）对于那些极为重要的目标，你要付出什么样的代价才能实现？

（6）想象一下，如果你制定的目标保准能实现的话，你将给自己制定什么样的目标？

（7）作为你对上述问题的反应，你马上要采取的行动是什么？

第 2 章
把握自己的生活

基本上,一个人能成为什么样的人不在于他出身如何,而要看他如何造就自己。

——亚历山大·格雷厄姆·贝尔

我 21 岁那年,生活落魄不堪,数九寒天住在只有一间斗室的公寓里,靠白天当建筑工勉强度日。到了晚上,我一般没钱出去消遣,只能待在家里,至少家里还算暖和。因此,我就有很多时间来思考。

一天晚上,我坐在我的小餐桌边,忽然就开窍了。我的生活就此变了样。我忽然意识到,我今后的生活会过得如何完全取决于我自己,没人会伸把手,没人能拯救我。

我那时离家千里,而且很久都没有想过要回去。我当时头脑十分清醒,我明白,如果我的生活发生变化,那变化一定是从我自己开始的。如果我不改变自己,别的什么都不会改变。我要对此负责。

伟大的发现

那一刻至今仍历历在目,就像第一次跳伞——又害怕又刺激。我就站在生活的边缘,决定跳下去。我知道,如果我希望自己的状况有所改善,就得改变自己。一切都取决于我。

我后来明白了,如果一个人能对他的生活负全责,那他就等于跨出了一大步,从幼稚无知走向了成熟。可悲的是,大部分人都未能做到这一点。我见过很多四五十岁的人,他们还在为过去不愉快的经历而嘟嘟囔囔,把自己的问题都怪到别人身上。有人还在抱怨二三十年前父母为自己做了什么或没做什么。他们终日纠缠于过去的事情中,无法解脱。

最要命的敌人

幸福和成功的最大敌人是各种各样的坏情绪。坏情绪会把你拖垮,让你身心俱疲,使你的生活毫无乐趣可言。坏情绪对个人和社会造成的伤害比有史以来所有的瘟疫加起来都厉害。

如果你确实想获得幸福和成功,那么你最重要的目标之一就是把自己从坏情绪中解脱出来。幸运的是,只要知道怎么解脱,你就能做到这一点。

害怕、自怨自艾、忌妒、自卑,还有生气,引起这些坏情绪的原因大致有四个。一旦认清它们,并将之从你的心里一一解决,你的坏情绪就会自行消失了。而一旦坏情绪没有了,那些积极的情绪,如爱、平和、愉快和激情,就会如小溪般汩汩地流入你的心里,你的生活会因此而变得更好,有时这些变化就在分秒之间。

别再找理由

原因一是"找理由"。只要你能找到理由,无论是对自己还是对别人,觉得自己应该因什么事情生气或者不高兴,你的情绪就会变坏。这就是为什么人一旦生起气来就会唠叨个不停的原因。相反,如果你不能为自己的坏情绪找到理由,那么你就没法生气了。

比如,因为社会经济状况不好,公司的销售业绩不佳,有个人下岗了,这个人就会对他的老板满怀怨气,不停地发牢骚,找出所有的理由说这对自己不公平。他甚至会气得决定去起诉,或者用别的办法把老板"摆平"。只要他始终揪着他的老板和公司不放,给自己的坏情绪找理由,他就会受制于自己的情绪,无论是在生活里还是在思想里。

相反,如果他能尽快对自己说:"哦,我下岗了。真是赶上这种事了。这也不是冲着我来的,什么时候都有人下岗。我看我还是赶紧再找份工作吧。"他的坏情绪就会消失了。这时的他头脑冷静、目标明确,一心在想有什么办法能让自己再就业。只要他不再给自己找理由,他就会积极行动起来,而且成效显著。

不要"自我合理化",不要找借口

原因二是"自我合理化"。当你这么做的时候,其实是想给一个难以接受的结果找一个能接受的说法。

你做的事让自己觉得不好或者不开心,你就找个理由给自己开脱。你编了一套说辞来解释自己的行为,好像发生的事与己无关,尽管你自己知道要为此负全责。你经常使出各种招数来让自己显得像没事一般,把自己的所作所为说得好像确实应该得到大家的体谅。正是这种自我合理化的做法让你的坏情绪久久无法清除。

自我合理化和找理由的做法总是使你把其他的人或事作为你的问题的源头，你自己却扮演受害者的角色，把其他的人或事说成对立面或者"坏蛋"。

让他们说去吧，走自己的路

原因三是"过于在意别人的评价"。对有些人来说，他们对自己的全部认识都取决于别人怎么评价自己，怎么在背后谈论自己，甚至是用什么样的表情看自己。除了别人的态度，他们对自己的个人价值没有什么看法。而一旦别人的态度是消极的，无论是出于什么原因，是确有其事还是捕风捉影，"受害者"就会立刻感到生气、难堪、自怨自艾和失望。因此，心理学家总是说："我们做的几乎所有事情都是为了赢得别人的尊重，或者至少不失去别人的尊重。"

要明白，别人是不会负责的

原因四，也是最糟的一个，就是"责怪"。当我在学习班上画"坏情绪之树"的时候，我把树干比做问题出在自己、却要责怪别人的这种倾向性。而一旦你把树干撂倒，所有的枝叶——就是所有的坏情绪——也就立刻枯萎了，就好比你把插头一拔，圣诞树上的彩灯就都灭了一样。

对自己负责是灵丹妙药

自己对自己的状况负全责是消除各种坏情绪的灵丹妙药。你不会一边说着"我来负责"，一边生着气。一旦对自己负起责来，你的坏情绪就都无影无踪了。

发现这个简单但是强有力的原则（即"我来负责"）和

它清除坏情绪的立竿见影的功效，无论是对我还是对我成千上万的学生来讲，都是一个转折点。

想象一下吧！无论你因为什么生了气或者心情沮丧，你都可以让自己从中解脱出来，只需简单说一句"我来负责"，就可以把握自己的生活。

只有当你把自己从坏情绪里解救出来，完全对自己负责的时候，你才能够开始制定和实现你的目标，不管是在生活的哪个方面。只有你的精神和情绪都放松了，你才能够调动你的精力和激情。不对自己完全负责，就不会有进步。换个角度讲，一旦你对自己的生活负了全责，你就会前途无量了！

停止责怪他人

从现在起，不要再因为任何事——无论是过去的、现在的还是以后的——责怪任何人了。正如埃莉诺·罗斯福所说的："没有你的认可，谁也不能小看你。"喜剧演员巴迪·哈克特曾说过："我从不记恨谁，否则的话，就没完没了了。"

这样说起来，就别再找借口或者自我合理化了。如果你犯了错，说一声"对不起"，然后想办法补救就行了。你每责怪一次别人或者每找一次借口，就等于把自己的本事撇在一边了。你会觉得自己软弱无力、技不如人，心里会觉得生气、不开心。别那么做！

控制你的情绪

为了让自己保持积极的情绪，不要因为任何事对他人指指点点，或者牢骚满腹，甚至是恶语相向。你每指责、抱怨别人一次，抑或因为他人做了什么或者没做什么而出言不逊，你就在心里引发了一次坏情绪,结果使自己不好受。你的情绪再不好,也影响不到别人。跟别人生气就等于是让他人"遥控"你的情绪,而且往往也就改变了你的整个生活质量。这不是愚蠢又是什么?

记住加里·祖卡夫在他的《精神的位置》一书中说过的话:"情绪积极能成事,情绪不佳会坏事。"积极的情绪,如愉快、兴奋、爱和激情,会让你觉得更加精力充沛、信心百倍;而坏情绪,比如生气、伤心、怨恨和沮丧,会让你对他人满怀敌意、焦躁易怒,因此而不受欢迎。

一旦你决定对自己完全负责,那么无论出现什么情况,你都会满怀自信地让你的事业和生活沿着既定的方向前进。你就成了"自己命运的主宰,自己灵魂的指挥"。

你就是你自己的老板

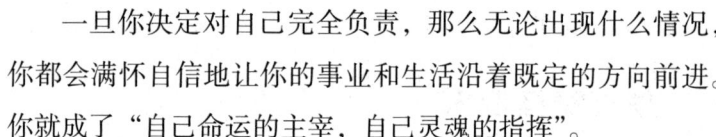

从今往后,你要把自己看成是自己的老板,就当是自己雇用了自己,你要对自己的生活和工作完全负责。一定要提醒自己,正是因为你做到了什么或是没做到什么,才会有如今的情况,才会成为现在这样一个人。你的未来在很大程度上取决于你自己。

你选择,你决定

在很大程度上,你如今挣到的钱正是你自己作决定的结果,不多也不少。如果你对目前的收入不满意,那就下决心多挣些。给自己设个目标,再订个计划,然后就付诸实施。

作为你的工作和生活的"主管",作为自己前途的设计师,放开手来作决定吧。你是老板,你负责!

制定自己的战略

公司的老板要对公司的战略和经营活动负责,而你作为自己的老板,也要为自己的工作和生活制定战略。你要负责整个管理战略,包括制定目标并付诸实施。

你要对实现一定的产出负责,比如你工作的成效和你想要得到的结果。

作为老板,你要负责制定销售战略,比如开展自我宣传、树立自我形象、进行自我包装等,以求在充满竞争的市场中把自己"卖个最好的价钱"。

你要负责制定财务战略,你要决定销售量的大小、销售额的多少、收入年增长的速度,以及收入里哪些用来投资、哪些要存起来;你还要决定退休的时候你身价几何。这些数字的大小完全取决于你。

你还要负责制定你的人际关系战略,包括你与同事和家人的关系。我给学生们提出了这样的建议:选择老板很重要。在能挣多少钱、晋升空间如何及你工作是否开心这样的问题上,选择什么样的老板事关重大。

作出新决定和新选择

出于同样的考虑,你选择的伴侣和朋友对成功和幸福的影响一样不可低估,与其他的选择比起来,甚至更为重要。如果你对你目前的选择不满意,那就要自己采取行动来加以改善或者改变。

最后,作为你自己的老板,你要完全负责你的学习、培训与发展。在今后的数月或者数年中,你实现财富梦想所需的聪明才智、技术、能力,以及竞争力,完全取决于你自己。

而为此所花的时间和金钱也是你的责任所在,别人无法替代你。一个无法回避的事实是,别人对你的事情决不会像你自己那样上心。

成为一只成长型股票

把这个比喻延伸一下,就当自己在经营一家公司,公司股票已经上市交易了。股民们会在这只股票上投钱吗?他们对它有信心吗?它还会涨吗?几个月或者几年之内能分红吗?你是一只"成长型股票"吗?或者你的行市已经看跌了?

如果你决定成为一只"成长型股票",希望自己的收入每年增加25%～30%,那么你的战略是什么?作为自己生活的"领班",作为配偶的伴侣和孩子们的家长,你有责任使自己进入一条上升的轨道,每年不断地让自己"增值",否则,你有何颜面见"江东父老"?

目标!

自控还是他控

很多心理学方面的文章都围绕着"由谁控制"的理论而展开叙述。通过50多年的研究,心理学家们相信,由谁来控制自己是生活幸福或者不幸的决定因素。为什么?

那些自控能力强的人相信自己能完全把握自己的生活。他们坚强、自信,而且充满力量,他们总是非常乐观和积极,他们自我感觉良好,而且掌控着自己的前途。

相反,那些自控能力差的人总是受到外界因素的干扰,包括他们的老板、账单、婚姻、孩童时代遗留的问题及眼下的处境。他们难以控制自己,时常感到软弱、愤怒、恐惧、消极，对他人满怀敌意，因而难以成事。

事情好的一面是，你承担的责任和你的自控能力是成正比的。你越多地告诉自己"我来负责"，你的自控能力就越强，你也就会越发感到自信和充满力量。

金三角

责任和幸福之间的联系也是非常紧密的。你承担的责任越大，你就越幸福。应该这么说，责任、自我控制和幸福组成了相辅相成的金三角。

你承担的责任越多，你就会感到自己的自控能力越强。你的自控能力强了，你就会感到更自信、更幸福。当你更加积极地把握住自己的生活时，你就会给自己提出更高、更具有挑战性的目标，你也会具备实现这些目标的动力和决心。你会感到生活就掌握在自己的手中，无论你决心做什么，你都会无往而不胜。

未来掌握在你的手中

制定目标的第一步，是要认识到你拥有无限的潜能，只要你的确在热切盼望，并且愿意付出时间和汗水，你就会成为你想成为的人，拥有你想要的东西，做到你想做到的事情。

制定目标的第二步，是要对自己的生活、自己的遭遇担起全责，不要责怪他人，不要找借口开脱。

牢牢记住：你拥有无限的潜能，你要完全负责。这样一来，你就已经作好继续前进的准备了。下一步，你就要开始设计未来了。

把握自己的生活

（1）认清你目前生活态度消极的主要问题或者原因。你要在哪些方面对此负责？

（2）就当自己有家公司，把自己看成是老板。如果你持有100％的股份，你会怎么做？

（3）现在就下定决心，不要再因为任何事责怪任何人，并且完全担起生活的责任。那么你该怎么做？

（4）别再找借口了，立刻行动起来。把你常用的借口抛开，试着有所作为吧。

（5）把自己看成是开创生活的"第一动力"。你的现状完全是你自己所作决定和选择的结果。你该改变些什么？

（6）现在就痛下决心，原谅那些以不同的方式伤害过你的人。别再去想那些不愉快的事了。找些重要的事情使自己忙起来，这样你就没空胡思乱想了。

（7）为了完全把握自己的生活，你马上能采取的一项具体行为是什么？

目标！

第 3 章 认清自己的价值观

> 此物即构成宇宙,且为上帝容身之所;其存在为一项原则所贯穿,为一条真理所阐释,为一项法则所统领,该法则亦为所有具备心智的生灵安身立命之本。
>
> ——马可·奥勒留

作为领导者,作为生活的方方面面中最成功的人士,其最重要的品质之一,就是他们知道自己为何人、相信何物、立场如何。大部分人的目标、价值观和理想都混沌不清,结果呢?他们左右摇摆,收获甚微。相反,成为领导者的那些人可能能力和机遇与常人相同,甚至不及常人,却能在他们想要有所作为的领域里取得非凡的成就。

一个人的生活不仅是外在的,也是内在的。个人品性的核心就是价值观,正是价值观成就了一个人。无论对价值观的认识是清醒还是糊涂,一个人外在的行为都取决于他内在的价值观。因此,人们对自己内在的价值观越清楚,外在的行为就越明确、越有效。

个人品性的五个层面

你可以把自己的个人品性想象成一串同心圆,就像箭靶一样。你的个人品性由五个同心圆构成,中央的同心圆是你的价值观,它外面的那个同心圆就是你的信念。

你的价值观决定了你的信念,无论是关于你自己还是关于你周围的世界。如果你的价值观是积极的,比如关爱、富有同情心、慷慨,那么你就会相信,你周围的人们值得你这样对待他们,因此你也就会这样对待他们。

你的信念接下来又决定着你的个人品性的第三个层面,即你的理想。如果你的价值观是积极的,你就会相信自己为人良善。如果你相信自己为人良善,那么你会希望好的事情发生在自己身上,你也会因此而成为一个积极进取、乐观地面对未来的人。你总是会去关注人们身上好的一面,关注事情好的一面。

目标!

你的个人品性的第四个层面是你的生活态度,这取决于你的理想。你的生活态度是你的价值观、信念和理想的外在体现或反映。如果根据你的价值观,这个世界是美好的,而你同时相信自己的未来会所获甚丰,你就会相信所有发生在自己身上的事都是对自己未来的某种帮助。结果呢,你对别人就会抱着积极的态度,而别人也会对你投桃报李。你会成为一个乐观向上的人,而别人也愿意与你共事或为你工作,从而使你大获成功。

最外面的同心圆,也就是第五个层面,就是你的行为。你的外在行为最终会反映你内心的价值观、信念、理想和生活态度。这也就是说,你的成就更多地取决于你的内心世界,而不是其他因素。

不识庐山真面目，只缘身在此山中

大部分时候，只要看看一个人的外在生活，就可以知道他在想什么。一个内心乐观、积极向上、目标明确、面向未来的人，他的外在生活通常也会过得开心、成功而且富足。

亚里士多德说过，人的最终目标是要获得个人幸福。当你外在的行为符合内心的价值观的时候，你会非常幸福。也就是说，当你的生活完全符合你对美好、正确和真理的看法的时候，你自然而然会觉得很开心，觉得周围的世界十分美好。

你的目标必须与你的价值观相一致，反之亦然。这也就是要获得丰硕的成果，就必须先明确自己的价值观的原因。明确价值观，也就是要求你想清楚什么对自己而言是重要的，然后你才能够围绕这些价值观展开自己的人生。

如果一个人外在的行为背离了其内在的价值观，那么他就会感到失望、沮丧、悲观、心灰意冷，甚至是愤怒。为了开创美好的生活，你对自己首要的责任就是完全弄清自己的价值观。

知道自己究竟想要什么

史蒂芬·柯维[①]曾经说过："当你顺着阶梯一步步向成功顶峰攀登的时候，一定要确定这梯子搭对了地方。"许多人

---

① 史蒂芬·柯维（Stephen R.Covey），美国著名管理学家，代表作有《高效能人士的7个习惯》等。——编者注

付出巨大的辛苦和努力来实现他们自认为是正确的目标,到头来,他们却没有获得幸福和满足感。于是他们问道:"难道就这样了吗?"当一个人的外在成就与他的内在价值观不一致的时候,就会出现这种情况。你可千万不要这样!

苏格拉底说过:"未曾自省过的人生是没有意义的。"无论是在价值观问题上,还是人生的其他事情上,这句话都适用。对价值观的明确一定要是不断进行式的,就像球场上的暂停一样,你要不断地留出时间自我反省:"在这方面,我的价值观如何?"

在《圣经·马太福音》第16章第26节中有这样一句话:"人若赢得全世界,却丢了自己的灵魂,能得着什么益处呢?"只有那些外在生活与内在价值观相一致的人,才是最幸福的人;而那些活在自我矛盾中的人,则是最不幸的人。

相信直觉

自信是一个人成就伟大事业的根基。自信来自人们对直觉的信任,来自内心中那"静静的、微小的声音"。当人们开始聆听内心的声音、并完全相信一股伟大的力量正在指引自己前进的方向时,他们就变得伟大起来。

让自己的生活与价值观保持一致是一种高尚的品质,它能够让你自信、自强和自尊。事实上,世间几乎所有的问题都可以通过对价值观的回归而找到解决之道。无论一个人在何时感到何种压力,都应该看看自己、问问自己:"就目前的处境而言,我是怎么舍弃了我的价值观的?"

行为谨慎

一个人应该如何了解自己的价值观？答案很简单。他的行为就体现了他的价值观，特别是他处在压力之下的行为。当一个人为形势所迫，要在两种行为之间作出选择的时候，他总是会选择符合自己价值观的那种行为。

事实上，价值观的形成是有层次的。在一个人的价值观中，有些是非常重要、必须坚守的，有些是不那么重要的。确认自己究竟为何人、所求为何物的重要手段之一，就是给自己的价值观排排队。一旦弄清了价值观的"轻重缓急"之后，就可以根据它来安排自己的生活，使你的外在行为与内在价值观保持一致。

反省过去的所作所为

有一些方法可以帮助你洞察你真实的价值观。回顾一下过去，当你处在压力下的时候，表现如何？当你为形势所迫、不得不就时间或金钱作出选择的时候，你的选择是什么？你的答案会提示你，当时最要紧的价值观为何物。

戴尔·卡耐基曾这样写道："告诉我对一个人而言什么是最要紧之物，我就可以知道他整个的生活哲学。"什么是你的人生中最重要的？什么让你倍感自豪和骄傲？你在过去所取得的哪些成就能让你最大程度地感到骄傲和满足？这些答案会为你了解自己的价值观提供很好的启示。

了解自己内心的渴求

精神导师埃米特·福克斯曾就发现内心渴求的重要性

写过一些文字。什么是你内心的渴求？什么是你深埋在心底、无论如何也要实现的目标？正如我的一个朋友曾问过的："你成名是为了什么？"

在你去世以后，你希望人们用什么样的言语来谈论你？你希望人们在你的葬礼上怎么说起你？你希望你的家人、朋友和孩子如何想起你？当人们跟你的家人、朋友和孩子说起你的时候，你希望他们说些什么？

你眼下的名声如何？你希望今后拥有什么样的声望？为了获得自己期望的那种声望，你现在该怎么做？

目标！

过去不等于未来

很多人在成长的过程中都有过艰难的时光。他们可能遇到挫折，交了不该交的朋友；他们可能行为乖张，或是做了不法之事，为社会所不容，有些人甚至被判刑入狱。但是在生命的某个时刻，他们决定浪子回头。他们认真地思考，究竟自己希望以什么样的形象为人所知、所念。他们决心改变曾一度沉溺于其中的那些价值观，以改变自我。通过作出这样的决定并身体力行，他们改变了他们的生活。而别人能做到的，你当然也能。

记住：你来自何方无关紧要，关键在于你去向何处。

如果你在各方面都是个出类拔萃的人物，那么你如何对待他人？在你结识他人之后，你希望给对方留下什么样的印象？试想，如果你能够成为一个杰出的人士，那么那时的你与今天相比会有什么不同？

你的自尊有多大

在心理学上,一个人的自尊程度决定着他感受到的幸福的多少。你的自尊则取决于你对自己的肯定程度,取决于你的"自画像",也就是你在每日与他人的交往中对自己的所知、所想。你的"自画像"由"自我理想"所塑造,而自我理想则由你的道德、价值观、目标、希望、梦想和渴望所组成。

心理学家发现:一个人当下的行为与他理想中的行为越一致,他的自尊程度就越高,他也会越幸福。

相反,如果一个人的实际行为与他理想中的行为不一致,他的"自画像"就会很糟。他会感到自己没有发挥到最佳水平,没有达到理想中的境界,而后果则是自尊和幸福感的减少。

发挥最高水平

当你走路、说话及行事都与你理想中的最高境界相吻合的时候,你的"自画像"就会越来越好,自尊程度就会越来越高,对自己和周围的人或事也会感到越来越满意。

比如,当你受到别人的赞扬,或是得了奖时,你的自尊程度就会增加,有时会增加很多;你会对自己感到满意,会感到自己的生活美满、行为与理想和谐一致,因而会有成就感,感到你的人生有价值。

你的目标应当是经过深思熟虑后,系统地创造一种良好的氛围,使得自己做任何事都能够提升自尊。你应该像已经获得成功的人那样生活。

了解自己的信念

你关于工作和职业的价值观是什么？你相信正直、勤奋、可靠、创造力、合作、主动、雄心和善于与人相处这些价值观吗？在工作中实践这些价值观的人要比不去实践的人成功得多，自尊程度也高得多。

你关于家庭的价值观是什么？你相信无条件的爱、长久的关怀和支持、耐心、宽容、慷慨、温暖和关注这些价值观吗？那些在家庭生活中实践这些价值观的人要比不去实践的人幸福得多。

目标！

你关于金钱和财富的价值观是什么？你相信诚实、勤奋、节俭、注重教育、努力奋斗、精益求精和坚持不懈这些价值观吗？那些在创造财富方面实践这些价值观的人要比那些不去实践的人成功得多，而且前者在实现财富目标的速度上也要比后者快得多。

你的健康状况呢？你认识到在饮食、锻炼和休息上进行自我约束和自我控制的重要性了吗？你是否在健康方面对自己高标准、严要求，而且每天都在努力达到这些标准和要求呢？这样做的人不仅长寿，而且身体健康。

只想自己想要的

记住，一个人大部分时间在想什么，他就会成为或得到什么。成功、幸福的人每天都会思考他们的价值观，以及如何将之付诸实践。作为回报，一个人的生活与他的价值观越一致，他就越会感到幸福、健康、积极向上和充满活力。

对自己诚实

也许所有价值观里最重要的就是诚实。一个亿万富翁曾对我说过:"诚实不仅本身是一项价值观,也是其他价值观之源。"

这对我是巨大的启发!一旦一个人决定要实践一项价值观,他的对自我诚实的观念就会确保他将该项价值观贯彻到底。你越是要求自己做到最好,你的诚实程度也就越高。那么,无论你做什么,你都会感到更加幸福和充满力量。

人们提到那些真正伟大的人时,总是会对他们的诚实品格津津乐道。即便是在不受他人监督的时候,他们的行为也与自己的最高价值观始终保持一致。而常人做事则总是在诚实这个问题上打折扣,特别是在无人监督的时候。

真诚对待自己和他人

痛下决心,成为一个有荣誉感的人,无论是对自己还是他人,都要讲真话。在生活的每个方面都让自己的价值观变得透明,并把它们写下来,想想如果要与这些价值观保持一致、决不自我妥协的话,你该如何行事。

一旦对自己的生活和发生在自己身上的事情负起全责,明确了自己的价值观并勾画出理想中的未来图景,关于生活的方方面面,你就都可以制定出清楚、具体的目标了。你现在正在"发射塔架"上,准备发射去摘星星呢。

认清自己的价值观

（1）列个单子,把对自己而言最重要的3到5项价值观写出来。其中你真正相信什么？你的立场是什么？

（2）对你周围的人而言,你的哪些品质和价值观最为他们所称道？

（3）就与他人的关系而言,你认为什么是最重要的价值观？

（4）关于金钱和财富,你的价值观如何？你每天都在实践这些价值观吗？

（5）描述一下你理想中的人物,也就是说,如果不受任何外部制约,你最希望自己是什么样的人？

（6）给自己写份悼词,将来它会在你的葬礼上被念给你的家人和朋友听,其中什么是你最希望别人记住的？

（7）为了让自己的行为与价值观更加一致,你今天对自己的行为能作哪些调整？

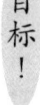

目标！

第 4 章
解析自我信念

> 在一个人与他希望得到的东西之间,其实差的就是去试一试的愿望和坚信能够实现这个愿望的信念。
>
> ——理查德·德福斯

在所有与精神生活有关的法则里,最重要的可能是"信念法则"。这条法则是这么说的:无论你相信什么,只要你坚持自己的信念,它就会变为现实。不是说看见了才会相信,而是只有相信了,你才能看见。事实上,你是透过信念、态度、先入为主的概念甚至是偏见来看待这个世界的。你认为自己是什么样的,其实你不是;而真正使你成为现在这个样子的,是你的想法。

《圣经·箴言》第 23 章第 7 节中说到人的时候,有这样一句话:"心之所想,即为其人。"这就是说,一个人总是根据他内在的信念而表现出外在行为的。

在《圣经·马太福音》第 9 章第 29 节中,耶稣说:"照着你们的信念,给你们成全了吧。"这从另一个角度说明,一个人强烈的信念会成为现实。正是这些信念决定了什么样的事情会发生在一个人的身上。

哈佛大学的威廉·詹姆斯博士曾于1905年说过："信念创造了实实在在的现实。"他又说："我们这代人最伟大的发现，是发现了个人内在观念的变化会改变他们外在生活的方方面面。"

改变自己的看法，从而改变自己的生活

你生活中所有的进展都来自于你关于自己及未来的信念的变化。在改变自己的看法的过程中，你就逐渐成熟了。你想让自己的收入翻番吗？你当然想！那么，问题是：你觉得可能吗？如果要让自己的收入翻两番呢？你觉得这可能吗？

无论你怎么怀疑这里面的可能性，让我先问你一个问题。从你开始第一份工作到现在，你没有使自己的收入翻过番吗？你现在挣的难道不比刚开始的时候多得多吗？你难道没有已经向自己证明，收入是可以翻番的吗？对于你以前已经做到的事情，只要想清楚是怎么做到的，你就还可以再做一回嘛，而且可以不止一回。

拿破仑·希尔曾说："只要你相信自己能行，那你就一定能行。"

获得成功的主控程序

也许在20世纪，人类潜能方面最伟大的发现就是"自我理念"。你做到的每件事，实现的每个目标，你的每个看法、感觉或者行动，都由你的自我理念所掌控。无论做什么，你的自我理念都先行决定了你行动的效果和所达到的水平。如果把你的心智比喻成一台电脑，你的自我理念就是它的主控程序，就像一个基本的操作系统一样。你在外部世界获得的

每个成功都是自我理念运作的结果。

有了垃圾就丢掉

下面是关于自我理念的一个有趣的发现：即便一个人的自我理念是由与他自己和他周围世界有关的无数观念所组成的，他的想法、感觉和行动也都会对自我理念奉行不悖。

事实上，一个人对于自己的看法在很大程度上是主观的，这些看法往往不是以事实为依据的，而是他在生活中不断获得的信息，以及对这些信息进行处理的结果。人们的看法往往受到童年经历、周围的人、看过的书、受过的教育等诸多因素的影响。

在所有的观念中，最要不得的莫过于"自我贬低"这一观念。如果你认为自己在某方面先天不足，无论那是不是事实，它都会成为事实。如果你为这样的观念所困，你做事情的时候就会真的认为自己在这方面有所欠缺，无论欠缺的是天分还是技能。在你与充分发挥你的潜能之间，最大的障碍就是自我贬低的想法。

别去理会"专家"

阿尔伯特·爱因斯坦小时候因为学习有障碍被学校送回了家。他的父母被告知，他不具备受教育的能力。而他的父母没理会学校的说法，最终还是让他接受了良好的教育。

阿尔伯特·施魏策尔①医生上学的时候也有类似的问题。

---

① 阿尔伯特·施魏策尔（1875～1965），德国医学传教士，长期在非洲从事传教与医疗救治工作，于1952年获诺贝尔和平奖。——译者注

别人劝说他的父母把他送到一个鞋匠那里当学徒，好让他在长大以后有一个稳定的职业。这两个"阿尔伯特"都通过自己的努力奋斗，在20多岁的时候拿到了博士学位，并且在20世纪让自己名垂青史。

《财富》杂志关于商界学习能力障碍的一篇文章中提到，如今很多全球500强的企业的总裁和高级经理人在上学的时候都不被人看好，无论是在能力上还是在聪明程度上。但是因为勤奋工作，他们都在自己的领域中获得了巨大成功。

托马斯·爱迪生在上小学六年级的时候就被学校开除了。他的父母被告知，让他接受教育无异于浪费金钱和时间，因为他太笨了，什么都不可能学会。但是爱迪生最后成为了现代社会最伟大的发明家。这样的故事不计其数，简直说不尽、道不完。

目标！

自我设限的观念，有时就是基于一次经历或者一个不那么重要的成绩，却会令你几年之内裹足不前。大部分人都有过这样的经历，即他们在自己认为并不突出的领域内有所作为，令自己大感意外。可能这种情况你也有过，你忽然发现，你在那个领域中对自己的自我设限其实毫无事实根据。

你比自己想象的要出色

作家露易丝·海说过，我们生活中遇到的大部分问题都源自这样一个想法：我不够出色。阿尔弗雷德·阿德勒博士则认为，对于西方人而言，"低人一等"的想法是个"遗传病"，童年的时候就留了根，等到长大成人就去不掉了。

很多人因为自己消极的想法，错误地认为自己在智力、天分、能力、创造力或者某种技能上受到了制约。事实上，这些想法都是错的。

有一个事实是，你拥有的潜能比你一生所能发挥的要多得多。没人比你强，也没人比你灵。即便有人灵一些，有人强一些，也完全是因时、因事而异的。

你也可以是天才

在提出"多元化智力"这一概念的哈佛大学博士霍华德·加德纳看来，一个人至少拥有十种不同的智力，其中的任何一种都可以令他成为天才。

然而不幸的是，只有两种智力是学校教育能衡量的，即语言智力和数学智力，而其实一个人可以在方方面面成为天才。比如：视觉、空间智力（艺术、设计），企业经营智力（商业拓展），体能或运动智力（体育），音乐智力（演奏乐器、谱曲），人际关系智力（与他人和睦相处），内省智力（在更深层次上理解自己），直觉智力（凭感觉说该说的话、做该做的事的能力），艺术智力（创作艺术作品），以及抽象智力（物理学、科学）。

有这样一句话：天生我才必有用。每个人都有在某个领域出类拔萃的能力。你现在就具备在至少一个方面成为天才的能力。你的任务就是去发现它。

你对自己要承担的责任就是抛掉那些自我约束的做法，相信自己是一个出色的、有能力和天分的人。对你而言，成为了不起的人、获得成功，这都是天意。你的能力尚未得到发挥。只要你愿意付出时间和辛劳，那么你身上现有的潜能就可以让你实现任何目标。

观念是后天培养的，而非先天就有的

说到观念，对我们有利的方面在于，所有的观念都是后天培养起来的，因此你大可放弃那些不适宜的观念。当你来到这个世界上的时候，无论是关于自己，还是关于身边的世界，你都没有什么观念。而如今，你"懂得"了很多事情。但是，正如喜剧作家乔希·比林斯所写的，"人们的苦恼不在于他们不懂，而在于他们懂得太多似是而非的东西"。

你对自己的很多认识都是错误的，而这些认识往往是那些自我设限的观念。释放更多潜能的前提是认识到这些自我设限的观念，并且自问："要是这些观念根本就是错的呢？"

想想看，如果你在某个领域的能力非同凡响，比如销售、企业经营、演讲或者赚钱，而你却认为自己能力平平，这难道不令人遗憾吗？

换个角度看自己

我到过世界上的很多地方，无论走到哪儿，我都把这些原则教给成千上万的人们。我的文件柜的抽屉里塞满了人们的来信和电子邮件的打印件，这些信件告诉我他们从来没有听说过"自我设限"这一说法，但是一旦他们知道了，他们对自己的看法就发生了彻底的转变。他们开始认识到，过去他们大大低估了自己的能力。

很快，他们就开始改变自己的生活。他们的收入翻番了，有的甚至是翻了两番、三番；他们中的很多人都成了百万富翁甚至是亿万富翁；他们从公司的底层升到了顶层，从最差的推销员变成了最棒的。

在他们改变了对自己及自己所拥有的潜能的看法之后，他们学会了新的技能，接受了新的挑战；他们制定了更高的目标，并且全身心投入地去实现它。通过反省自己的观念，拒绝相信自己在某方面能力比别人差，他们完全控制了自己的生活和事业，并让它们的面貌焕然一新。他们能做到的，你也能！

选择一条坚定的信念

设想有一间"信念商店"，就像一家电脑软件店，在这里你可以"买"一条信念，然后把它像软件一样"输入"到自己的心里。如果你能够选择，那么什么样的信念对你最有帮助？

你完全可以选择这样的信念：

我一定会成为明日之星！

如果你坚定地这么想，那么无论你走到哪儿、说什么、做什么，你都会觉得自己经历的每件事都是一个伟大计划的一部分，而这个计划的终点，就是成功。事实证明，各个领域中的顶尖人物就是这么想的。

寻找积极的一面

无论处在什么条件下，最终获得成功的人总是去看事情积极的一面。他们知道一定会有积极的方面，无论经历了什么样的挫折和失败，他们总是相信自己能获得一些有益的经验教训。他们坚信，挫折和失败都是一个伟大计划的一部分，而这个计划正在推动自己向着伟大的成功前进，成功是水到渠成的事情。

如果你的人生观是积极的，那么每当面对挫折和失败，你都会争取获得一些宝贵的经验。你知道，在通向成功的路上，会有很多艰难的时刻，有很多的经验教训需要总结。因此，你把经历挫折和失败看成是学习的机会。拿破仑·希尔说过："在每处困难和障碍之中，也蕴涵着相同的有利条件。"

抱着这样的态度，你会从自己经历的每件事上获益，无论事情是积极的还是消极的，是有进展还是遭受了挫折。

跟着感觉走

心理学中有一项"可逆原则"，说的是当一个人行动起来的时候，他做得更多的是让感觉引导自己，而不是自己指挥感觉。

这也就是说，当你开始行动的时候，你不一定能感觉到获得成功的可能性，由于过去鲜有成功，你也可能缺乏自信。你可能会常常怀疑自己的能力，也会害怕失败；你可能会觉得自己还不够出色，至少眼下还不够出色。

但是，如果你行动起来的时候，就设想自己已经成为了自己希望成为的人，相信自己具备了必要的素质和天分，那么你的行为就会引发那种应该有的感觉。你会通过自己的行动，找到"可逆原则"所描述的那种感觉。

如果你希望成为顶尖人物，那么从穿戴上，你就要向他们靠拢。他们怎么穿，你也怎么穿，而且要跟着他们的工作习惯走。在你自己的行业中找出那些最成功的人士，把他们当作自己学习的榜样。如果可能的话，跟他们聊聊，让他们提提建议，怎样才能使自己更快地进步。一旦他们提出了建议，马上照做。总之一句话，行动起来！

当你在穿戴与言行举止方面都与那些顶尖人物相仿的时候，你就会感觉自己也是个顶尖人物。那些顶尖人物怎么对待别人，你也怎么对待别人；他们怎么工作，你也怎么工作。这样，你就会开始实现顶尖人物能够实现的成就了。很快，你就会成为他们中的一分子了。"跟着好的做，你也就做好了"——这也许是老生常谈，但还是有道理的。

一个销售经理的秘诀

我的一个朋友是位非常成功的销售经理。有一次，他通过精心安排的面试挑选了一位新的推销员，然后带他到凯迪拉克的销售厅去，坚持让他把目前开着的旧车换成新的凯迪拉克。这位推销员感到十分为难，他被新车的首付款和月供的金额吓得心惊肉跳。但是我的这位经理朋友坚持让他把车买下，还说这是聘用的条件之一。

你觉得后来会怎么样？这位新推销员把车开回家，他的妻子发现他买了辆新凯迪拉克，她差不多心脏病都要发作了。但是在她平静下来以后，推销员就会带着她开车兜风，特别是在邻居面前炫耀炫耀，如此一来，买新车的事邻居也就都知道了。当他把车停在自己的房前或者院子里的时候，大家还会围过来欣赏一番。慢慢地，甚至是不知不觉地，这位推销员在潜意识里对自己和自己挣钱能力的态度就会产生变化。

再过几天，他就会把自己看成是理应开新凯迪拉克的人了。他会觉得自己是同行中的佼佼者、一个挣钱高手。随着时间的推移，我朋友公司的那些推销员就都成为了推销大王，而且在工作上很少受挫，他们的销售业绩突飞猛进，收入也是日进斗金。这样一来，他们也就不用再为新车的月供担心了。

在心里先行一步

心灵导师埃米特·福克斯曾说过："一个人一生的主要任务，就是把希望实现的目标在心里先勾画出个轮廓，然后在外部世界中将之变为现实，并享受其结果。"

你应该集中注意力，在心中培养自己的信念，而这信念应该与你将要在外部世界获得的巨大成功相一致。通过质疑你的那些自我设限的做法并抛弃它们，只当它们不存在，这样你就可以集中注意力了。

通过增加自己的知识，提高自己的技能，使自己达到能够应对任何挑战的水平，从而加强新生的、自我提升的信念。通过制定更高、更激动人心的目标，你就可以加快培养那些新生的、积极的信念。最后，你只当自己已经成为了想要成为的人，并且努力不懈。

你的目标是通过在心里先行一步，进而重新强化自己的心智力量。

举止行为与新的自我形象保持一致

通过采取行动并与自己的初衷保持一致，你就可以培养新的信念。无论做什么，就当自己已经具备了所需的能力和专长；无论在谁面前，都要让自己保持积极、乐观和愉快的心态，就当今后的成功已经有了保证。无论做什么，只当自己的成功已经有了"保证书"，而且只有自己知道。

你应该意识到，通过每天的言行举止，你在主动地控制你自己的个性和品质的发展。

既然会心想事成，你的言行就应该与你的自画像保持一致，而这自画像应该是"理想中的自我形象"，也是你长期努力的目标。无论你想什么、说什么，内容都应该围绕着你理想中的自我形象和实现你的目标所应具备的个性和品质。

痛下决心

今天就痛下决心，与那些自我贬低的观念说"再见"。自我审视一番，对你仍不能肯定的能力和天分作一番考量。你也可以问问朋友和家人，他们认为你身上还有哪些消极的因素。

他们往往会发现你身上那些被你忽略的消极观念。而一旦你发现了这些消极观念，就应该自问：如果这些观念的对立面是真的呢？

如果你目前在某个方面缺乏自信，而其实你所具备的能力足以让你出类拔萃，你该怎么办？如果你自童年以来就在某个方面是个天才，你又该怎么办？如果你现在具备的能力就可以让你挣到你这辈子希望挣到的所有的钱，并且能够把它们存下来，你会怎么做？或者说，如果你能够点石成金，你会做什么？

如果你完全相信自己具备上述的那些能力，那么你会有何作为呢？

言行一致

一个人的信念往往在他的言行中体现出来。从今往后，你要让自己的言行与信念保持一致。这样，随着时间的推移，你会用积极的信念来逐步取代之前那些消极的观念。这样，经过一段时间之后，你就会令自己脱胎换骨，从而向成功进发了。到那个时候，无论是你自己还是你周围的人，都会对你"刮目相看"了！

解析自我信念

（1）想象一下，在你的圈子里你是领袖人物，很受尊敬，那么你的所思、所感、所行会与眼下有什么不同？

（2）想象一下自己能够"点石成金"。如果你是一个极为出色的财务经理，你会怎样理财？

（3）找出那些自我贬低的观念。如果它们根本就是错的，你以后会怎么做？

（4）确立你认为正确的信念。这一关于自己未来的信念是可以转化为现实的。

（5）回顾一下到目前为止你经历过的最艰难的时刻。你能够从中学到什么有益的经验和教训？

（6）如果你未来一定能成功，你眼下的行为会有什么不同？

（7）想一想你周围的人，有谁需要激励？帮助他们确立积极的信念。

第  章
开创自己的未来

> 受制于欲望，人会变得渺小；执著于信念，则会成就伟人。
>
> ——詹姆斯·艾伦

近年来，世界各国开展了3300多项关于领导艺术的研究。这些研究揭示出，所有伟大的领袖都有一个共性，那就是富有远见。领袖们高瞻远瞩，而芸芸众生往往目光短浅。

我此前曾说过，人类历史上最重要的发现是：一个人在大部分时间里想什么，他就会成就什么。那么领袖们大部分时间都在想什么呢？答案是：他们在思考未来，寻找前途，以及通向未来的途径。

而芸芸众生则满脑子都是眼前的喜乐烦忧。他们纠缠在"过去"当中不得解脱，无奈"逝者如斯夫"，过去的一切已不可改变。

想想未来

我们把上面提到的领袖的共性称作"未来情结"。领袖们心系未来，关注他们今后将会取得的成就，以及他们的前途。他们在思考自己所求为何物，以及如何得到。由此说来，

当你开始思考你的未来时，你就开始具备了领袖的共性，而你努力的结果很快就能使你与领袖们相媲美了。

哈佛大学的爱德华·班菲尔德博士在进行了 50 年之久的研究后得出结论，无论是就财富还是就个人而言，"眼光长远"是人一生中获得成功的最重要的因素。爱德华博士给"眼光长远"下了定义：具备这样一种能力，即在作决定时就已能看出数年之后的发展。这是最重要的发现之一。让我们来想想吧，你向未来看得越远，在涉及如何把未来变成现实的问题上，你的决定就越明智。

制订五年计划

在作个人规划的时候，你一定要把眼光放长远。你可以试着把自己做的每件事"理想化"。在理想化的过程中，你可以给自己制订一个"五年计划"，即想象一下，如果各个方面都进行得很顺利，那么五年以后你的生活会是什么样的。

想象一下：不受任何制约

通过整合"理想化"和"未来情结"，你就可以免于自我设限的过程了。想象一下，你可以不受任何限制，你拥有你需要的全部时间、天分和能力来实现你给自己制定的任何目标。无论你在生命的旅程中跋涉到了哪里，你都可以想象你拥有自己需要的所有朋友和关系，来打开需要打开的每扇门，实现自己想实现的任何目标。想象一下，无论你想让自己成为什么样的人、拥有什么样的东西或是做成什么样的事情，限制都是不存在的，那些对你十分重要的目标，无论它们是什么，你都可以实现。

试试"蓝天思维"

在临床心理学家查尔斯·加菲尔德对于"商界精英"的研究中，他获得了一个有趣的发现。有些人很多年来在工作上都表现平平，却在一夜之间获得了巨大的成功，查尔斯对这样的人作了分析。他发现他们每个人都具备了"蓝天思维"。

"蓝天思维"的含义就是，任何事都是可能的，就如同一个人抬眼望蓝天一样，没有任何障碍。你展望今后的数年，想象你生活中的各个方面都是美满的。然后你回到如今，问自己这样的问题：我的未来是那么美好，这其中究竟发生了什么样的事情？

把你的思维从未来拉回到现在，并问自己：如果我在未来实现了我的目标，那么在这一过程中哪些事情我一定要完成？

执着自己的梦想，拒绝让步

当你尝试"理想化"和"未来情结"的时候，对自己的未来和梦想不要作任何妥协和让步，不要降低目标，或是争取"勉强的成功"。相反，要抱负远大，把自己看成是天地间最强有力的人物之一。你将创造自己不朽的未来。在你回到现实当中，设身处地地考虑事情的可行性之前，先决定什么是自己希望得到的。

开始自己的工作和事业。想象一下，五年后自己的职业生涯圆满顺利。回答下面的问题：

（1）那时你的生活会是什么样的？

（2）那时你在做什么？

（3）那时你在哪里？

（4）那时谁是你的同路人？你将会担起什么样的责任？

（5）你将会具备哪些技能？

（6）你会实现哪些目标？

（7）在你的领域里，你将会达到什么样的水平？

想象你潜力无限

当你回答上述问题时，想象自己潜力无限，任何事情都是可能实现的。管理大师彼得·德鲁克曾说过："对于在一年内可能取得的成就，我们大大地高估了自己；而对于五年内的可能性，我们又大大地低估了自己。"别让这种情况发生在你身上！

现在，把你未来某个阶段的个人收入状况理想化一下：

（1）今后五年内，你的收入是多少？

（2）你的生活方式会是什么样的？

（3）你会住在什么样的地方？

（4）你会开什么车？

（5）你会为自己和家人提供什么样的物质享受？

（6）你在银行里会有多少存款？

（7）你每个月、每年会攒下多少钱，投出去多少钱？

（8）退休的时候，你希望自己的身价是多少？

想象自己有一块"魔板"。你可以在上面写出任何你想要的东西。你可以在魔板上把所有发生过的事情都一笔勾销，也可以在上面任意描绘未来的图景。你随时都可以把魔板擦得干干净净，然后从头开始。你不受任何制约。

想象你美满的家庭生活

想想你的家人和朋友，然后想想五年以后：

（1）如果五年后你的家庭生活美满和谐，那会是什么样子？

（2）你会和谁在一起？你会不再和谁在一起？

（3）你会身居何处？过得如何？

（4）你的生活水平会有多高？

（5）如果这五年来万事顺利的话，你会与生活中不可或缺的那些人保持什么样的关系？

当你在脑海里描绘自己的美好未来时，只有一个问题悬而未决：该怎么努力？这是所有问题里最有力的一个。不断地这样问自己会激发你的创造力，让你思维活跃，从而实现自己的目标。不成功的人往往在"我的目标能否实现"之类的问题上犹豫不决；相反，成就斐然的人只想一个问题，即"该怎么努力"。然后，他们就会努力寻找办法，以实现自己的目标和设想。

想象你身强体健

了解一下自己在各方面的健康状况，想象一下，如果五年后你成为健康模范，下面这些问题的答案是什么？

（1）你的外形如何？感觉怎样？

（2）你的最佳体重是多少？

（3）你每周进行多少次运动？

（4）你的整体健康状况将会如何？

（5）为了以后身体健康，你现在该如何开始改变自己的饮食、健身安排及生活习惯？

想象一下你良好的人际关系

想象一下五年以后，你在你的人际关系网中扮演着一个举足轻重的角色。在你周围的人看来，你是不可或缺的，你让他们的生活变得越来越好。如果你拥有完美的人际关系，下面这些问题的答案是什么？

（1）你在做什么？

（2）你在什么地方工作？

（3）支撑你所从事的工作的信念是什么？你还有哪些需要改进的地方？

行动起来

成就斐然的人与成绩平平的人之间，首要的区别就是对待行动的态度。那些在生活中出人头地的人往往行动积极。如果他们有了主意，就会马上付诸实施。

相反，那些平庸的人总是把豪言壮语挂在嘴边，而对于自己的无所事事却总会找到理由开脱。所以人们常说："徒有良好愿望而无行动，终将一事无成。"

审视一下自己，了解一下自己，包括你的技能、知识水平、天分和受教育程度。如果你已经达到了对自己而言的最高境界（其实从理论上讲，境界只有更高，没有最高），那么回答下面的问题：

（1）五年之中，你将掌握哪些知识和技能？

（2）在哪个领域，你将会被认为是出类拔萃的？

（3）如果你希望将来成为工作中的顶尖高手，为了学习所需要的专业知识和技能，你每天应当如何努力？

一旦你回答了上述问题，那么下一个问题就是：如何行动？为了能够在数年之内出人头地，你该如何获得专业知识和技能？

制定周详的行动日程

考量如何过上理想中的生活，包括每天如何行动。制定周详的行动日程，时间范围从1月1日~12月31日：

（1）你周末和假期打算做什么？

（2）你每周、每月、每年都分别打算休息多久？

（3）休息时你打算去哪儿？

（4）如果不受制约、可以完全掌控自己的时间，你会怎么安排一年的光阴？

《圣经·箴言》第29章第18节中说："没有先知先觉的教训，人就放肆。"这也就是说：如果对自己的未来没有进行积极的展望，你就会流于平庸，缺少动力和激情。与此相反，如果你满怀激情地展望未来，你每天都会感到精神振奋、干劲十足，你会采取所有必要的行动来把理想中的未来变为现实。

开创美好的未来

切记:幸福就是在不断进步中把一个有价值的愿望变成现实。当你的目标和理想十分明确且令人振奋的时候,无论是面对自己还是面对世界,你都会倍感幸福。你的生活态度会更加积极和乐观。你会感到更加愉快和激情澎湃。你会感到有一股内在的动力每天带你起床、让你忙活起来,这股动力会推动你向着自己的目标一步步地前进。

下定决心,牢记自己美好的未来。记住,好日子在前头,最幸福的时刻尚未到来。你所能得到的最大收获将在数月乃至数年中成为现实。明天定然更加美好,你的前途一片光明。

对于自己的长远未来看得越清楚,你就能越快地吸引有益于自己实现目标的人或客观因素。你心里越明白自己是什么样的人、自己想要什么,你也就会越快、越好地实现自己的理想。

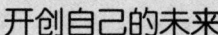

目标!

开创自己的未来

(1)想象一下,如果每个难题都有解决之道,每道障碍都可以跨越,而且你在实现自己的目标这件事上不受任何制约,那么与眼下相比,你采取的行动会有所不同吗?

(2)尝试一下"从未来到现在"的逆向思维。想象一下五年后的情况,然后回到现在,那么如果要实现美好的未来,哪些事情一定要完成?

(3)试想一下你的个人收入非常理想,那么你的收入应该是多少?你的身价会是多少?为了实现这样的价值,你当下就要采取什么样的行动?

（4）想象自己拥有美满的家庭，个人生活也完美无缺，那么这样的生活该是什么样子的？你现在该怎么做？

（5）制定一个周详的行动日程，从1月1日到12月31日，而且只当自己不受制约。从今天起，你该改变些什么？

（6）试想一下自己的健康状况非常良好，那么，从现在开始你该怎么做才能变理想为现实？

（7）作为你对上述问题的反应，你马上要采取的行动是什么？

第 5 章 开创自己的未来

第6章 确定自己真正想实现的目标

清楚自己到底要什么,你就不会再无所事事地扑蝴蝶,而是开始掘金矿了。

——威廉·莫尔顿·马斯登

如今,要想获得成功,恐怕没有什么比确定明确的目标并为之奋斗更重要的了。数千年来,人类的行为都是有目的性的,只要他们一开始确定了目标,实现的过程则是自然而然发生的。一旦你知道了什么是自己真正想要的,并为之奋斗,那么成功就是水到渠成的事了。

你也许会问:"既然实现目标的过程是自然而然发生的,那为什么很多人没有目标?"正如我在第1章讲的,很多人没有目标是因为他们不知道如何制定目标。这也是本章要解决的问题。

制定目标的7大秘诀

关于如何制定目标,有7大秘诀,几乎对所有的目标都有效。如果某个人没能实现目标,那一定是缺了7大秘诀中的一个或几个。

秘诀1：目标必须清晰、具体、详细，并且要用纸写下来。目标千万不可模糊宽泛，比如"我要更幸福"或者"我要赚更多的钱"这样的目标。制定的目标一定要是看得见摸得着的，能够在头脑中清晰地描绘出来。

秘诀2：目标必须是客观的、可量化的。制定的目标一定要能被某个标准衡量。不能被衡量的目标就不能称为目标。比如"赚更多的钱"只能是愿望或者幻想，不能称为目标。在某段时间内赚到某个具体金额的钱，才能称为目标。

秘诀3：目标必须要有截止日期。制定目标后，一定要有完成目标的日程表，并给自己一个截止日期。事实上，没有不切实际的目标，只有不切实际的截止日期。一旦你给自己制定了清晰的日程表，那就向着表上的截止日期去努力吧。如果你没能按时完成，你可以把截止日期推迟，还是没有完成的话，就再推迟，直到目标完成的那一天。拿航空业举例来说，每年全世界有数百万的人乘坐飞机出行，每天都有数千架飞机和成千上万的乘客在地球上几乎所有的大城市里起起落落。航空业之所以能让每位乘客顺利到达目的地，就是依赖于系统的、精确的、信息化的全球目标制定与管理。当你乘坐飞机出行时，你的头脑中已有某个具体的目的地城市。你知道何时起飞，以及在路上要花费的时间。你会确定你到机场的距离和登机所花的时间，你还会确定飞行中的时间和飞机降落后你赶往目的地的时间。总之，你会为你的飞行制定一个详细的时间表。每年有数百万的人都在这样做，他们以令人难以思议的精准从一个城市飞到另一个城市。航空业中的目标制定过程是大范围的，但对你个人的目标制定同样

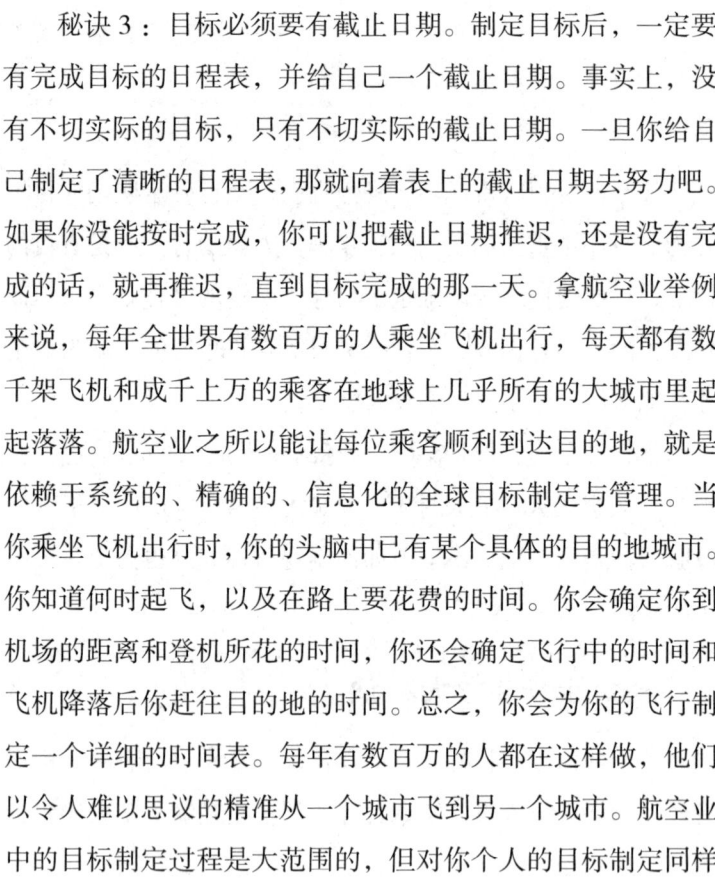

具有参考价值。

秘诀4：目标必须要有挑战性。也就是说，你必须得跳起来才能摸得着。你的目标必须超出你之前取得过的成绩，能十拿九稳完成的目标不能叫作目标。在你向着目标奋斗的过程中，你也许会有些压力，但这能激发出你的某些潜能。

秘诀5：目标必须与你的价值观一致。你没法同时实现互相矛盾的目标。有的人既想获得事业上的成功，又想每天下午都能和朋友出去打球。同时实现这两个目标显然不太可能。

秘诀6：目标必须能平衡你生活中的其他方面。也就是说，你的目标能在你的事业、经济状况、家庭、健康、精神等各个方面中取得平衡。就像一辆汽车，如果要平稳行驶的话，必须保持平衡。你如果想获得幸福美满的生活，也必须让你的目标和你的生活保持平衡。

秘诀7：目标必须有明确的指向。如果你实现了某个目标，这个目标一定要能够极大地改善你的生活。也就是说目的性要明确。如果明确地知道自己想要什么并能把自己所有的热情投入到获得它的过程中，你的人生将会更有价值。

除了这7大秘诀，你还要有具体的方法来制定并实现你的目标。

制定并实现目标的"12步程序"

我曾把制定并实现目标的"12步程序"法则教给过超过100万的学员。这个法则就像烹饪一道美食的菜单一样，列有12种原材料。依据你的实际情况和具体目标，你可以调整这12种"原材料"来获得你想要的。实际上，许多成功

人士都有意无意地采用了这个法则实现了他们的目标。如果你发现某人还未实现他的目标，那他可能就是缺乏某种"原材料"。

1. 欲望：你究竟想要什么

第 1 步是知道自己的欲望。你必须对你的目标有着强烈的欲望。这种欲望是自发的。你没法给别人制定目标，就像别人给你制定的目标也没法让你倾注热情一样。

最重要的是你必须问自己：我到底想去做什么？我的内心究竟渴望什么？我得到什么最能让我激动万分？如果只能实现一个目标并且保证能实现，那我要实现什么目标？你对目标的渴望程度决定了你有多大决心、多少能量投入到实现目标的过程中。所以你要问清楚自己究竟想要什么？有多想要？

2. 相信自己一定能实现目标

第 2 步是要有实现目标的信念。从内心深处，你必须相信你有能力实现目标。信念是你的力量的源泉，能给予你精神上最大的支持。任何领域中的成功者都是拥有强烈的必胜信念的人，他们对自己实现目标的能力深信不疑。

欣慰的是，当年朝着你最想实现的目标前进的时候，你往前的每一步都是对你实现它的渴望和信心的加强，都是在不断地提醒你：你能成功！这也正是所谓的"千里之行，始于足下"。

你实现目标的决心和是否能坚持下去主要取决于你的自信心水平。因此，你为自己制定的目标必须是可信的、可以实现的，尤其是在起步阶段。举个例子，你总不能给自己制定一年之内就从贫困变成财务自由这样的目标吧。这种目标完全超出了你的能力范围，简直就是自欺欺人。你可以为自己制定一个易实现的目标，然后在这个目标实现后再制定下一个目标，这样循序渐进，通过实现许多小目标，你建立了自信，也有了更大的向前的动力。最终你会拥有足够的自信，只要你有清晰的目标并足够努力，就没有不能实现的目标。但最开始制定目标时，还是先从容易的开始。

3. 把目标写在纸上

第 3 步是把目标写下来。没有白纸黑字写下来的目标算不上是目标。所有成功人士都是以清晰、具体、写在纸上的目标为起点的，他们甚至每天都会拿出来看看。我个人也建议你每月、每周甚至每天反复在纸上写下你的目标，这样会将目标植入你的潜意识中，从而激发你的潜能。

不断地问自己：我将如何衡量我是否成功实现了我的目标？我将用什么样的标准来衡量？我将如何衡量在实现目标的道路上的每个阶段性成就？

4. 确定你的起点

第 4 步是确定自己在实现目标的道路上的起点。你的起点是哪里？如果你要减肥，首先你就要称量自己当前的体重确定基准；如果你要实现某个经济目标，首先你就要把你的资产做个统计确定你目前的身价。

当你通过摸清自己来确定起点的时候，你务必要对自己诚实。只有这样，制定的目标才是可信的、可行的，而不是自欺欺人、无法实现。

5. 找到实现目标的理由

第5步是找到你要实现目标的理由。把实现目标后你能得到的所有好处列个清单，你实现目标的理由越多，你实现它的愿望就越强烈。理由是成功的动力。

如果你只为实现目标找到了一两个理由，那么你实现它的动力也大不到哪去。如果你有40或50个理由，那么你将有足够大的决心和动力来实现你的目标，没有什么能成为你的障碍。

我有许多朋友，他们都立志赚到足够多的钱来获得财务自由。他们把赚到这些钱后能做的事情都写下来，列一个清单。正因为有如此多的理由来实现他们的目标，他们在各自领域都取得了非凡的成就。你能想到的理由越多，你实现目标的愿望也就越强烈，你对自己能够实现目标就越深信不疑。

6. 设立截止日期

第6步是要为你的目标设立截止日期。截止日期是你对实现目标的时间做出的估计，就好比打靶，先得瞄准目标。但你可能击中，也可能击偏。实现目标的过程也一样，你可能在截止日期之前只完成了一半，之后才完成另一半。不管怎样，截止日期是必不可少的，就像一趟航班的时刻表一样，不管飞机是否准点起飞，都要把时间写在登机牌上。

如果你的目标太大，你可以将它分阶段完成，这对你最终实现目标很有帮助。最近我给一家公司的销售部门招进来了一名刚毕业的MBA，他修完了财务分析及计划方面的课程。

他把每年、每月甚至每天的销售目标都写下来。一天的工作结束后,他会把当天的工作情况和销售目标对照起来,看看取得了哪些进步、还存在哪些不足。半年后,他就成为了部门里最成功的销售人员。他的销售额每月都在稳步增长。

当你把你的总目标拆解为若干个小目标,把要完成的工作具体到天甚至小时时,你自己都会被你的惊人效率所震惊。

7. 找到你的障碍

第 7 步是要找到你实现目标道路上的障碍。你为什么还未实现目标?是什么在阻碍你?是什么在拖你后腿?在所有阻碍你实现目标的因素中,哪个是最大的?

你可以在这里运用"80/20"原则,这个原则说的是,大多数情况下,阻碍你实现目标的因素中,80% 是你自身的因素,只有 20% 是外部因素。

碌碌无为的人总喜欢把失败归结到环境和周围的人身上,而有成功潜质的人总是在不断地审视自我,在不断地问自己:"我自己身上到底有哪些不足之处?"

8. 找到你所需的知识和技能

第 8 步是找到在实现目标的过程中你所需要掌握的知识和技能。记住,在信息时代,知识是成功的原材料。要获得你从未获得过的成功,你就要做你之前未做的事情,你就要成为一个与你之前完全不同的人。要超越你现在的水平,你必须掌握你从未获取过的新知识和新技能。

实现任何一个目标的过程中都伴随着不断地学习。不管你有什么样的目标,你都要知道你需要去学习什么并努力学会。问自己:"娴熟地掌握哪项技能对实现我的目标帮助最大?"不管你的答案是什么,你都应该写下来并制订学习计划,然后每天努力学习,直到完全掌握这项技能。开始行动吧!这也许会改变你的一生。

9. 找到能给你帮助的人

第9步是找到那些能帮助你实现目标的人。想一想你的家人、老板、同事,再想一想你的客户、供应商、投资人,他们中有谁能帮到你?为了让他们帮助你,你需要做些什么?你能帮到他们什么来换取他们的帮助?

人脉就是一切。任何一个目标的实现,你都离不开别人的帮助。你的人脉关系经营得越好,你实现目标的速度就越快。现在就想一想吧,在你的工作和生活中,你需要哪些关键人物?他们会是谁?你需要做些什么来获得他们的帮助?

10. 制订计划

第10步是为你的目标制订计划。计划就是在实现目标的过程中你要完成的任务的清单。这和你外出度假要作的计划类似,你列出一个清单,上面有你要带上的东西,出发前要做的事情,到达目的地后要做的事情,等等。

你要先确定你想要什么并把它写下来,然后找到你的起点并找出你要实现目标的理由。你要知道你将要遇到的困难和有待解决的问题,你还要知道你需要掌握哪些知识和技能。你要找到能帮助你的人及获得他们帮助的方法。把所有这些集合到一起就成为了你的行动计划。

计划清单上的行动按照时间及重要性排序。哪些要先做?

哪些放到后面做？哪些事情是重要的？哪些事情不太重要？必须先做哪些事情才能做后面的事情？所有的事情中，哪一项事情是最重要的？这些问题你都要考虑好。

11. 不断地描绘你的目标

第11步就是每天在头脑中描绘实现目标后的图景。想象一下，实现目标后你的生活将有哪些不同？你的感受将会如何？成为你理想中的自己后，想象一下那时你将会是多么骄傲、自豪和满足。

每天在头脑中重复这种理想的图景，你就会把你的目标植入你的潜意识中。最终，你的目标将富有强大的生命力，不分昼夜地激励你为之奋斗。

12. 永不放弃

最后一步，第12步就是你需要下定决心，坚持到底。提前下定决心，在你遇到困难和阻碍之前就有永不放弃的决心，那么，不管发生什么，你都会坚持到底直到实现目标。

提前做好精神上的准备能给你很大帮助。在实现目标的道路上不可避免会遇到困难险阻，如果你提前做好了心理准备，当遇到这些麻烦时，你就不会退缩，反而会激发你无穷的斗志。

现在就行动

现在做一个练习，能让本章讲的所有内容简单明了。拿出一张白纸，在最上面写上"目标"两个字并注明日期。

然后在纸上列出在未来一年内你最想实现的10个目

标。注意不要使用"我将是……"这种语气,而要用"我是……",就像你已经实现了目标一样。比如,如果你想让自己体重达到某个重量,你可以写上"我的体重是××磅";如果你想在一年内赚到一定金额的钱,你可以写上"今年我赚到的钱是××"。

写好这10个目标后,再好好分析下它们,然后问自己这样一个问题:"在这10个目标中,实现哪一个目标能最大程度改善我的生活?"找到这个目标后,在可预见的未来里,你的人生将围绕着这个目标进行规划,这个目标将成为你的主要目的。你可以按照上面讲到的"12步程序"来制定目标。

应用"12步程序"

目标!

当确定了自己真正想要实现的目标并相信自己能实现它,就把这个目标写下来,并且为之设立一个截止日期。确定你的起点并写下你要实现它的理由。找到实现目标道路上的障碍,找到实现目标所需的知识和技能,找到能给你提供帮助的人。给目标制订一个计划,然后按照计划采取行动,每天都朝着目标进步一点点。不断描绘实现目标后的理想图景,下定决心永不放弃,直到实现目标的那一天。

给自己惊喜

当你按照本章的内容从今天就开始行动时,你会对你将要取得的成就感到震惊,你会变得更主动、更强大、更有效率。你的自尊心和自信心都会得到增强,每天你都感觉自己是一个成功者。你对自己人生的掌控也变得更强,你将拥有更多的能量和热情。你终将在数月甚至数周之内取得普通人数年才能取得的成就。

当你真正掌握了制定并实现目标的方法，通过在实践中不断学习、进步，你就会把"成功学"植入你的潜意识中，从而进入社会中顶级成功者的圈子，成为他们中的一员，拥有幸福、成功的人生。

> **确定自己真正想实现的目标**
>
> （1）确定自己真正想要的是什么。那些成功者所拥有的东西中，你也希望自己拥有哪些东西？
> （2）你实现你的目标的最大动力是什么？
> （3）你实现哪一个目标能最大程度改善你的生活？
> （4）你娴熟地掌握哪一项技能最能帮助你实现最想实现的目标？
> （5）谁能给你实现你最想实现的目标提供最大的帮助？
> （6）在你实现目标的道路上，最大的障碍是什么？
> （7）现在就列出你在一年之内最想实现的 10 个目标，选出一个，从今天就开始，努力去实现它。

第 7 章 目标要明确

如果要获得成功,那么有两个条件是必须具备的,一个是目标的明确性,即清楚自己想要什么,另一个是实现目标的迫切愿望。

——拿破仑·希尔

你会成为你常希望自己成为的人。既然如此,那么一个明确的目标会让你时刻集中注意力。正如彼得·德鲁克所说的,"目标明确的偏执狂往往能成就大事"。

对你的明确的目标及如何实现这一目标想得越多,你就越大程度地运用了"引力法则"。你开始吸引周围的人,吸引机会、主意和资源,从而使自己越来越快地奔向目标。

根据"协调法则",你在外部世界的经历会与你内在世界的目标相协调。如果你时刻都在考虑和谈论自己明确的目标,并且不懈地为之努力,这就会在你的外部世界反映出来,就像你在镜中的影像一样。

另外,明确的目标也会在你的行为过程中帮助你启动潜意识。任何清楚而明确的想法、计划或目标都能启动你的潜意识,让你立即行动起来,去实现它们。(稍后我们将探讨潜意识问题。）

激活你的网状皮层组织

每个人的大脑中都有一个特殊的组织，叫网状皮层。这是一个小小的、手指形状的大脑器官，它的作用类似于一栋写字楼内的电话交换机。就像所有的电话都是由中央交换机接收，然后重新安排通讯途径以把话音送达目的地一样，所有来自人的感官的信息都先被送到网状皮层，然后再被转送到大脑相应的部分。

你的网状皮层包含一套"网状激活系统"。在你把一条有关目标的信息发送给你的网状皮层以后，它会使你开始关注这个目标，并且使你对周围的人、信息和机会十分敏感，从而协助你实现你的目标。

一辆红色跑车

想象一下，你想要一辆红色跑车。你把这个想法写下来，把它当作一个目标。你开始在脑海里勾画一辆红色跑车的外观。这时，大脑活动就会向你的网状皮层发送这样一条信息：一辆红色跑车对自己很重要。一幅红色跑车的图景立即出现在你大脑的"雷达扫描屏幕"上。

从那一刻开始，无论你走到哪儿，你都会留意红色跑车。你甚至仿佛隔着几条街就会看到它们在街上飞驰或是拐弯，你能看见它们停在停车场或是销售厅里。无论走到哪里，你好像满眼都是红色跑车。

如果你决定买辆摩托车，你就会发现摩托车到处都是；如果你打算去夏威夷旅行，你就会开始留意有关夏威夷的海报、广告、宣传手册和电视专题片。无论你给自己的网状皮层发送了什么样的有关目标的信息，它都会"启动"你的网状激活系统，使你对跟目标有关的事物更加敏感，从而帮助你实现目标。

实现经济独立

如果你打算实现经济独立，为了实现这个目标，你就会加倍留心周围与之相关的各种机会和可能。无论走到哪儿，你都会看到报纸上有关的报道，发现这方面的书。你会在邮件中收到这方面的信息，你会发现自己在聊天时一再聊到有关收入和投资的事情。看起来，你就像被各种各样有助于你实现个人收入目标的信息和主意包围了。

相反，如果你传达给网状皮层和潜意识的"指令"不明确，你的生活就会像在大雾中开车，你会对周围的各种机会和可能视而不见。

人们常说，要做个"有心人"。你留心的地方也就是你生活的走向。当你确定了主要而明确的目标，你也就提升了自己的注意力，并且对自己周围有助于实现目标的人或事物更加敏感。

主要而明确的目标

主要而明确的目标可以被定义为：目前对你而言最重要的那个目标。它可以令你实现更多的其他目标。它应该具备如下特点：

（1）它必须是你自己确实想要的东西。你实现这个目标的愿望一定要足够强烈，即便是实现目标这个念头本身都会让你激动不已。

（2）它一定要是明确而具体的。你必须能够用语言来描述它，并能够把它清楚地写下来，要清楚到哪怕是个孩子也能看明白你究竟想要什么，以及你得到了没有。

（3）它一定要是可衡量的、可量化的。不要写成"我想挣很多钱"，而应该是"到某个具体日期我会挣到10万美元"。

（4）它一定要是可信的、可实现的。你的主要目标一定不能太大、太荒唐，以致根本无法实现。

目标！

（5）它应该有一个比较合理的成功的可能性，一开始可以是大概50%。如果你以前没实现过什么主要目标，那么你制定的目标的成功可能性应该在80%～90%之间。别难为自己，至少在一开始的时候。以后你可以制定宏伟目标，哪怕是成功的可能性非常小，你到时候也会鼓足干劲，采取必要的步骤来实现它。但是在刚开始的时候，制定的目标一定要可信、可行、成功的可能性要高，这样你才能够确保在起步的时候就可以获得成功。

（6）它与其他目标应该协调一致。你不能一边希望收入丰厚，一边又计划大打高尔夫球。主要目标要与次要目标相一致，而且与你的价值观要吻合。

脚踏实地

在我的一次课上，有位女士过来跟我说，她已经认定了自己的主要目标。我问她是什么目标，她说："我打算在一年内成为百万富翁。"

我有些好奇地问她眼下她有多少财产，她告诉我她破产了。我又问她是做什么工作的，结果她刚刚因为不够称职而被解雇了。我于是问她,为什么在这种情况下要制定一个一年内当上百万富翁的目标。

她回答说,因为我曾说过只要头脑清醒,就可以制定任何目标,所以她就认定一年100万就是她成功的要素。我只好对她解释说,在那样的情况下,制定那样的目标是多么不切实际,到头来她会发现那样的目标遥不可及,也弄得自己灰心丧气。那样的目标不仅不会激励她,还会起到相反的效果。

别给自己拆台

我年轻的时候就犯过这样的错误。当我刚开始制定目标的时候,我定的个人收入目标是要达到我以前所有收入总和的十倍。几个月过去了,我没有什么进展,于是我认识到,这个目标对我而言毫无益处。因为与我过去取得的成绩相比,它是如此遥远,以致没有令我产生为之努力的动力。尽管我非常希望实现这个目标,但我意识到那是不可能的。既然是不可能的,我就在潜意识当中无形地拒绝这样一个目标,而我的网状皮层组织也就没有发挥作用。别让这样的情况在你身上重演。

大问题

在确定主要目标方面,下面的问题很关键:

如果你预先知道自己不会失败,那么你会梦想实现什么样的伟大愿望?

如果有人给你打包票,无论你选择什么样的目标——大的、小的、短期的、长期的——你都能获得成功,那么你会选择什么样的目标？无论你的答案是什么，只要能把它写在纸上，你基本上就能实现它。因此，只要有了目标，你要问的唯一一个问题就是：怎么做？而事实上，唯一会让你受到制约的，就是你实现这个目标的决心，以及你准备为此花费的时间。

诺贝尔奖获得者的经历

有一次，一位来自一所重点大学的化学教授听了我的课。他与其他两位科学家曾一起获得了诺贝尔化学奖。这位诺贝尔奖得主对我说，当他20多岁开始在大学里供职的时候，他决心要在化学领域作出一番贡献。这就是他的主要目标，他为之奋斗了25年，最终功成名就。

他告诉我："我一开始就很清楚自己的目标，我一直坚信自己会因在化学领域中的贡献而获得诺贝尔奖。所以获奖的时候我很开心，但是并不觉得意外。"

准备付出代价

谁都想成为亿万富翁，问题是你打不打算付出所有的努力和时间来实现这个目标。如果你有这个打算，那么应该说什么都阻止不了你。

10个目标的练习

这里有一个练习。铺开一张纸，把你希望在可预见的未来实现的10个目标写下来。用现在时态来写，就当你已经实现这些目标了。比如，你可以写："体重××公斤"，或者"我每年的收入是×××"。

在你把 10 个目标列出之后，再回顾这张单子，问自己这样一个问题：如果我马上就能实现其中的一个目标，那么哪个目标会对我的生活产生最积极的影响？这个目标就是你的主要目标，它会对你的生活及实现其他的目标产生最大的影响。

无论你选择的目标是什么，把它写在另一张纸上，并把你认为要实现这个目标必须做的事情也写下来，然后至少将这些事情中的一件付诸实施。把这个目标写在一张卡片上，随身携带，并且定期拿出来看。每天早晨、中午和晚上都要想想这个目标，要不断地寻找实现它的办法。那么你要问的唯一一个问题就是：怎么做？

想想自己的目标

你选择了自己的主要目标，决定要心无旁骛地实现它。你的这个决定对你的生活所起到的积极影响，要远远超出其他决定所产生的影响。无论你的主要目标是什么，立即写下来，今天就开始为之努力吧！

第 7 章　目标要明确

目标要明确

（1）如果你预先知道自己不会失败，那么你将会实现什么伟大的愿望？

（2）列一张单子，用现在时态写出自己希望在未来实现的 10 个目标，从中选出对你的生活将产生最大的积极影响的那个。

（3）确定一下自己将如何衡量在实现主要目标方面的进展和成就。要把答案写下来。

（4）把你实现主要目标所要做的每一件事都写下来。从中至少选择一件事，马上去做。

（5）弄清楚实现主要目标所要付出的时间、精力和辛劳，然后开始忙碌起来，付出应付的代价。

（6）找出你最重要的目标，通过每天不断的努力让自己离这个目标越来越近。

（7）提前下定决心，永不放弃直到成功的那一天。

目标！

第  章
千里之行,始于足下

你的任务,就是在你要实现的目标与现状之间开辟一条道路。

——厄尔·南丁格尔

想象你要周游全国。那么你的第一步就是选择要去的具体地方,并且在地图上寻找一条最便捷的路线。启程之后,你每天在出发前都要看看自己此时在地图上的位置,以及打算去的地方。生活很多时候也是这样。

一旦你弄清楚了自己的价值观、对未来的期望、今后的任务和目标,下一步就是要看看自己该从什么地方出发了。了解一下自己各个方面的状况及进展情况,特别是那些跟自己的目标有关的方面。

实践"现实原则"

杰克·韦尔奇曾多年担任通用电气公司的首席执行官。他说过,作为领导者的最重要的素质是"现实原则"。这指的是一种能够客观地看待世界而不掺杂个人因素的能力。他开会的时候总会以讨论一个目标或问题开始,同时提出这样

的问题:"实际情况是什么?"

彼得·德鲁克把这种素质称为"智慧的诚实",也就是在解决一个问题或作出一个决定之前,先实事求是地看待实际情况。亚伯拉罕·马斯洛曾这样写道:"一个能够实现自我的人的首要素质就是完全诚实和客观地对待自己。"这对你来讲也一样。

如果你希望自己达到力所能及的最佳水平,实现那些对你而言确实能够实现的目标,那么在你出发之前就要老老实实地甚至是不留情面地对待自己。你必须坐下来,具体地分析自己,看看自己在各个方面究竟进展如何。

从头开始

比如,如果你打算减肥,那么你要做的第一步就是称称自己的体重。接下来,你可以把测量的结果作为一个尺度,用来衡量自己的减肥效果。

如果你打算开始一个健身计划,那么你要做的第一步就是确定自己目前的健身情况。你每天运动多少分钟?运动量如何?你做的是什么运动?无论你的答案是什么,如实回答是最重要的。然后你就可以把这个答案当作一个基准,并根据它制定今后的健身计划。

确定自己每小时的收入

如果你想多挣钱,那么你要做的第一件事就是坐下来,看看现在自己到底挣多少,去年挣了多少,前年呢?今年自己会挣多少?现在每个月挣多少?而最好的衡量办法就是看看自己眼下每小时挣多少。

你1年的工作时间差不多是2 080小时，所以可以通过把自己的年收入除以2 080来得出每小时挣多少。如果希望再准确点，可以把你的月收入除以173，因为你1个月平均的工作时间一般是173个小时。

我的很多学生用自己每周的收入来计算每小时的收入，然后与前一周作比较。接下来他们就会制定目标，希望通过增加每小时的收入来实现多挣钱的愿望。你也应该这么做。

在时间上较真或制定收入指标以提升业绩

你在收入方面的计算越准确、越较真，你的进步也会越快、越好。比如，大部分人都会以月或者年为单位衡量收入，这样就很难分析和提高。相反，高收入者是以小时为单位计算收入的，那么提高收入的手段就可以建立在争分夺秒的基础之上了。

既然你是你自己的老板，你就应该把自己放在薪水簿上。想象一下你是按小时向自己支付工资的，那么你对自己的要求应该跟其他为自己工作的人一样高。如果你要做的事达不到自己希望的每小时的收入水平，那么就不要做。

你眼下的净价值

如果你已经制定了一个长期的收入目标，那么你要做的下一步就是按照财务方面的标准，衡量一下自己眼下身价几何。如果你的目标是成为一个百万富翁，你必须算一算目前你的积累达到了什么程度。

大部分人在计算自身价值的问题上往往含混不清，或是对自己不甚诚实。个人净价值的概念是：把自己的全部家当都按市值卖掉，把所有该结的钱都结了，剩下的就是你的净价值。

很多人都认为自己的家当很值钱，他们觉得自己的衣服、车、家具和电器值不少钱。但是这些东西的市值往往也就是当初购买所花钱数的 10% ~ 20%。

制订长期收入计划

为了能够准确地制订收入计划，先算一算你自己眼下的净价值，再看看你计划挣多少钱。把你的净价值从计划挣的钱里扣除掉，剩下的就是你需要挣的钱，再除以你准备花在上面的时间（以年为单位），你就会知道自己每年需要攒多少、投资多少及积累多少了。

目标！

你的计划可行吗？是不是以你目前的情况及计划花费的时间为基础？如果你的计划不可行，那么就从头再来，重新计算自己的净价值，重新订计划。

尝试"零基准思维"

当你开始制订长期计划的时候，你可以尝试的最有价值的事情之一就是"零基准思维"。按照这一思维，你要问自己这样一个问题：如果我早些知道自己目前的状况会怎样？假设我可以从头再来的话，哪些事情是我不会再做的？

无论你是谁，无论你在做什么，生活里总有些人和事——如果一切重新来过——你是不会愿意与之打交道的。

如果你总是纠缠在过去所作的那些决定中而裹足不前的话，那么想进步——即便是可能的——也很困难。如果生活里有什么是你不再想介入的，那么思考一下：我怎么才能从中脱身？需要多快的速度？

评估自己生活的方方面面

运用"零基准思维"来测评一下与自己的工作和生活有关的人。如果早知道自己目前的状况，那么有哪些关系是你不会去开始的？有哪些同僚或上级是你根本不会与之打交道的？在回答这些问题的时候，要实事求是。

考查一下自己工作和生活的方方面面。如果早知道会是眼下这种状况，有什么工作是你一开始根本就不会去做的？有哪些业务是你不会去开展的？如果让你把自己的业务从头再来的话，那么哪些活动、过程、产品、服务或是开销是你会去避免的？

在考查过周围的人及自己目前的工作之后，再看看你的投资情况，是否有时间、金钱和情感是你不会再投入的？如果答案是肯定的，你该如何摆脱它们？以多快的速度？

准备作出必要的改变

我的一个好朋友在高中和大学里都打高尔夫球。大学一年级的时候，他每星期要打好几次。他的整个生活都围着高尔夫球转，甚至在冬天也飞到南方去参加高尔夫球的训练，因为那边不下雪。

后来，他有了自己的生意，也结婚生子了，但他还是坚持每星期打几次高尔夫球，雷打不动。最后，因为他在高尔夫球上花的时间太多，以致影响了他的生意、婚姻和他与孩子们的关系。

随着压力变得越来越大，他坐了下来，开始思考如何调整自己。他意识到,在当时的情况下,只有少打高尔夫球才能实现生活中的其他目标。于是他减少了打高尔夫球的时间,并通过几周的努力使生活的各个方面重新恢复了平衡。那么,类似的情况在你身上是否适用?你该少做些什么特别浪费时间的事情?

情况总是在不断变化

在你作的所有决定中,随着时间的流逝,你会发现其中很多都是错的。在你作决定的时候,它可能是对的,但是现在由于情况发生了变化,你就需要重新考虑。

一般情况下,你知道什么时候需要重新作考虑,因为情况的变化会带来压力。无论什么时候,当你发现自己纠缠于本不该与之纠缠的事情中,你就会感到有压力、不安和急躁。

有时候人们会在自己的生意或人际关系上花大量的时间,希望有所收获。但是如果重新考虑自己目前的做法,你可能会希望摆脱眼下的处境。唯一的问题是:你是否有勇气承认自己错了,并且采取必要的行动纠正自己的错误。

是什么在拖你的后腿

如果你希望自己的收入达到一定水平,先问问自己:为什么我还没挣到那么多?是什么在拖我的后腿?没达到理想收入的主要原因是什么?同样地,你要实事求是地回答问题。

看看你周围的人有谁挣到了那么多钱,看看他们的所作所为与自己有什么不同。他们具备哪些特殊的技能和能力?哪些是你还不具备的?如果希望跟他们挣得一样多,你还需要培养哪些能力?如果你不能肯定,就去问问他们,一定要弄明白，闭门造车可不行。

弄清自己的能力和技能水平

给自己具备的能力开张单子。首先，弄清自己工作中的关键部分，这些方面是你一定要积极努力做出成绩的地方。

每一份工作一般会有 5～7 个关键部分，它们的重要性非同一般。为了把工作做好，你一定要紧紧抓住这些关键部分，做出成绩。如果希望挣到自己能够挣到的那份薪水，你就要把这些方面都做好。

下面是一个重要的发现：

在你的关键能力中，最弱的一个方面决定了你发挥其他技能的程度及你的收入水平。即便你把其他各个方面都发挥得非常出色，无论你做什么，最弱的那个方面仍然会拖你的后腿。

问问自己，在哪些方面你是非常出色的？哪些方面的能力对你目前在事业上的成功起到了很大作用？哪些方面你做得要比别人好？

找出自己的弱项

一旦你回答了上述问题，那么照照镜子，看看镜中的自己，并自问：什么是我的弱项？自己在哪些方面做得不尽如人意，因而影响了其他能力的发挥？别人什么地方比自己做得好？如果要达到成功，自己尚欠缺哪方面的能力？你要实事求是并且准确无误地找出来，然后订个计划来提高自己。（我们将在后面的章节中深入地讨论这个问题。）

想象可以从头再来

当你开始实现自己的伟大目标时，应该想象一下，无论在什么时候，自己都可以从头再来。永远不要让自己沉溺于过去所作的某个决定当中，要放眼未来。

如今很多人都放下了自己所受的教育、自己的生意、职业及过去的经历，在一个完全不同于以往的新领域重新开始。他们非常实事求是，也明白在目前所努力的事业上，自己的前途并非不可限量，但是他们决心为之奋斗，因为未来有着更多的可能性。你也应该这样做。

为了考量自己和自己的生活，你必须画一条基准线，画的时候你也必须面对现实，无论是什么样的现实。正如美国国际电话电信公司（ITT）的哈罗德·吉宁曾说的："现实就是现实，它不会撒谎。"应该面对真正的现实，而不是表面的"现实"、显而易见的"现实"或是理想中的"现实"。只有真正面对现实，你才能作出正确的决定。

准备重新塑造自我

好好看看自己的公司、行业及目前工作的状况，仔细瞧瞧你与别人同场竞技的那个市场。为了重新塑造自我，放下手头的工作思考一下，在经历过那么多风风雨雨之后，如果一切能够从头开始，你该怎么做。

想象一下，自己的工作和公司一夜之间化为乌有了，自己必须重新面对就业的问题。如果你现在从头再来，凭借自己多年积累下来的能力和智慧，你会如何选择？这一选择与眼下会有什么不同？

一个人最宝贵的财富

一个人在收入方面最宝贵的财富就是他挣钱的本事,即让自己的天分和技能在商业竞技场中得到发挥的能力。即便是输掉了房子、车子、银行户头和家具,输得只剩下一身衣服,只要挣钱的本事还在,你就可以站起身来,拍拍身上的尘土,从头再来。

对你而言,挣钱的本事非常宝贵,而这本事也随时在"升值"或者"贬值"。如果你不断地锤炼自己,那么你挣钱的功力就会提高;反之,如果你拿自己的本事不当回事,躺在过去的功劳簿上睡大觉,那么你的功力就会大减。

百变金刚

把自己当作"百变金刚",能够完成各种不同的任务。你具备多方面的能力、技能、知识、天分、教育背景和经历,很多工作和任务你都能出色地完成,或者边学边做,结果也一样出色。

虽然你开始了新的职业生涯,在思想上,你也同样要深入地了解自己。你得益于哪些好的习惯?你养成的哪些坏习惯在拖你的后腿?你具备的最好的素质、品格和品性是什么?什么是你比较弱的方面?为了更好地发挥自己,你需要培养哪些素质和习惯?你有这方面的计划了吗?哪些坏习惯是你需要改正的?

百尺竿头,更进一步

吉姆·柯林斯在他的畅销书《从优秀到卓越》中讲道,

如果你要清除前进路上的障碍，就必须准备就自己和自己的职业问一些不留情面的问题。在你全力以赴地向自己的目标努力之前，有哪些相关的问题是你要问自己的？

只要我为某公司做战略计划，我们就会以四个问题开始。

第一，我们目前的处境如何？我们会从公司的各个角落搜集数据和资料，绘制一幅清晰的图景来描绘我们的起点，特别是在那些与销售、市场占有率及赢利率有关的方面。

第二，我们希望今后达到什么水平？我们把着眼点放在未来。我们想象可以把公司壮大到任何程度，假设公司未来在各个方面都会非常成功，展望那时公司的远景。

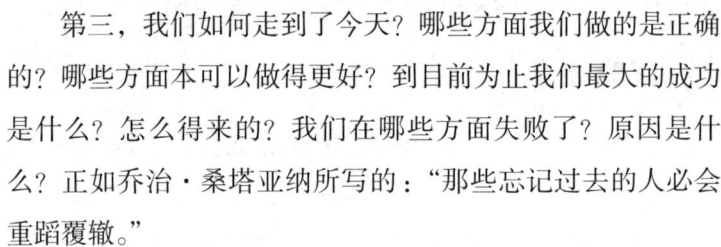

目标！

第三，我们如何走到了今天？哪些方面我们做的是正确的？哪些方面本可以做得更好？到目前为止我们最大的成功是什么？怎么得来的？我们在哪些方面失败了？原因是什么？正如乔治·桑塔亚纳所写的："那些忘记过去的人必会重蹈覆辙。"

第四，为了实现我们的未来，应该怎么做？根据过去的经验，我们应该在哪些方面多下功夫，在哪些方面少花精力？哪些是我们过去没有做而现在要开始做的？哪些是应该停止做的？

整合你自己的战略计划

好消息是，如果我们准确无误地回答了前三个问题，制订战略计划或者蓝图就比较容易；相反，如果我们对目前及过去的情况不甚了解，那么制订起计划来就困难得多。

俗话说：好的开始是成功的一半。医生们也说：准确的诊断等于一半的治疗。在你开始向目标迈进之前，花些功夫实事求是地分析一下自己现状的各个方面，就会为以后省出很多时间。很多时候，由于具备了丰富的知识，进行了出色的分析，你必将重新评估自己的目标。一旦开始努力，就会大大加快你实现目标的速度。

千里之行，始于足下

（1）参考你的主要目标，实事求是地分析自己目前的状况。你眼下的状况如何？未来的路有多远？

（2）运用"零基准思维"对自己生活的各个方面进行分析。如果你具备了目前的经验，如果让你重新再来，那么有什么事情是你不会去碰的？

（3）对自己进行一次彻底的财务评估。你目前的收入是多少？身价如何？你在这方面的目标是什么？

（4）对自己和自己的能力作一次彻底的评估。自己擅长什么？哪些方面还需要改进？

（5）准确计算一下自己每小时的收入，看看自己付出了多少。为了提高每小时的收入，你该怎么做？

（6）确定自己最重要的目标，然后问问自己，为什么还未实现它？是什么在阻碍我实现它？

（7）如果你从事的行业突然消失，你还能从事什么工作？

第 9 章
制定并完成自己的经济目标

钱也许不是生活中最重要的东西,但它就像空气一样,没人能离得开它。

——金克拉

你人生中最重大的责任之一,就是掌控并管理你的资金,并在你的整个职业生涯中获得经济独立。这也只能通过你自己来完成,别人帮不到你。

你也不能对此抱有侥幸的心理。要知道,赚钱和理财都遵循一些特有的规则和原理,就像你在大学里学习医学、机械或者法律等专业一样,你需要先花很长一段时间进行系统学习,然后才能掌握它。因此,你必须对你的财务状况要有足够的重视,否则你一生都将会在经济问题上遇到麻烦。

不要自己骗自己

在没能完成之前制定的经济目标时,许多人会陷入到一个心理陷阱,他们把自己的失败归因于"我只是不太看重钱而已,钱太俗了,我更关注一些高层次的东西"。我的一个朋友阿尔夫·埃克是办"百万富翁思维"研习班的,他总是能听到上面那句话。每当有人这样对他说时，他总是不客气地回答："看来你恐怕破产了吧！"

似乎所有那些"不太看重钱"的人都破产了，并且他们深陷债务迷局，已无暇顾及其他。更悲剧的是，他们往往自己已经放弃了，放弃了争取经济独立的努力。

掌管你的资金

要想完全掌控自己的财务，你首先要制定一系列的短、中、长期目标。然后制订实现这些目标的计划，再坚决执行，不管到达目标的道路有多难或多长。你可以参考第6章中的"12步程序"来制定并完成你的经济目标（马上就动手吧）。这些步骤已被我的成功学研讨班上的超过100万的学员测试、证明过。按照这些步骤一步步来，你将会建立起全新的思维来看待你自己、金钱和未来的经济目标。比起那些普通人工作一辈子取得的成就，你会在更短的时间内获得更多的经济效益。让我们开始吧！

目标！

1. 欲望：你必须要有足够的决心

要完成任何一个方面的目标，当然也包括赚钱，首先需要的是"欲望"。有两个重要的问题你要问自己并回答：

（1）我真正想要的是什么？
（2）我想要得到它的决心有多大？

德国哲学家尼采曾说过："善于提问题的人能找到解决任何问题的方法。"

试一下"理想化法则"。想象未来几年你将在资金方面没有限制，可以做任何你想做的事情，再想象下你拥有无穷的时间和才能，并且拥有你所需要的教育背景、经验和人脉。如果你处在这种情况下，你会为自己制定怎样的经济目标？

大多数人完全浸没在他们当前的经济情势中。负债、微薄的收入、无休止的账单和花销，这些都让他们很难为长远目标做打算。当你负债时，你很难为自己和自己的未来制定宏大的经济目标。

为了把自己从这种思维局限中解放出来，你可以想象一下你挥舞着一根魔力棒，能在未来完成你所有的经济目标。具体怎么做呢？首先，你要制定短期目标来控制你的花销并摆脱债务。然后，制定中期目标，把你收入的10%～20%用于储蓄或投资，买一套住宅，为你的孩子的教育建立一个基金，让你的财务状况完全在你自己的掌控之中。最后，制定长期目标，拥有自己的资产并最终获得财务自由。你的终极目标是不用再为钱发愁。

2. 信念：你必须相信自己能行

你之所以存在，是因为你有信念！你必须深信自己的经济目标是可信的、可行的、现实的，并与自己的价值观相符合。

所谓"可信的"，指的是经济目标不能与你的实际情况相矛盾。制定的目标是要能让你有行动的动力，而不是纸上谈兵。比如，与其让你的收入在一年之内翻一番，不如让收入在未来的12个月增加20%～30%。因为后者更合理、更可信，能让你迅速行动起来。

所谓"可行的"，指的是你有足够的能力和自律来完成你制定的目标。比如，创业成功能获得经济上的丰厚回报，但同时也需要多年的努力与经验。

所谓"现实的",指的是经济目标与你的自身情况一致,在你的能力范围之内并且符合潮流趋势。

所谓"与自己的价值观相符合",指的是当你做一件事情时,是真正出于内心意愿的。因为只有追随你自己内心的声音,你才能感受到真正的快乐。

3. 写下来

书写能从精神上强化人的行动动力。也就是说,当你把你要实现的目标写下来时,实际上你也激活了你的热情与智力,这就给了你行动动力。把你的目标白纸黑字地写下来,这种行为能让你对目标产生生动的、具体的认识,从而将它植入你的潜意识中,在你的大脑里每天24小时都在激发你。

目标!

在下一年或下一个5年里,你的经济目标一定要具体,要有可衡量的量化标准。比如,在可预见的未来里,你可以给自己制定一个让自己年收入每年增加25%的经济目标。

你还要制定你的长期经济目标,也就是你在整个职业生涯中总共想要赚到的钱。你的长期经济目标也叫作你的"数字",当你赚到这个"数字"的钱的时候,你就可以安心退休了,工作就成为了你的一种选择,而不是必须的。

计算你的"数字"的最好方法是,算一下当你在退休,也就是没有收入的情况下,能让你舒适生活一月所需的钱。把这个数字乘以12就是你要为你一年的舒适生活存上的钱,再把这每年的钱乘以20(退休后的生活年数),就得到了你的"数字"。比如,假设你在没有收入的情况下,维持一月舒适生活的成本是5 000美元,乘以12得到一年的生活成本

60 000 美元，再乘以 20 年，总共就是 120 万美元。这 120 万美元就是你的长期经济目标。每月、每年你都要分析你的经济状况，看看还差多少达到这个长期经济目标。

4. 确定你的起点

让你的经济目标切实可行的重要一步就是对你自己做一次彻底的财务状况评估，确定你当前的经济情况。

假设你要移民，要把所有财产变现，你能得到多少现金？

你可以为你自己做一个财务表格，这个不难，首先把你的财产和它们的价值列一个清单，然后再把你的负债及要支付的账单列一个清单（就好像今天你就要还清），用你的财产价值减去你的负债，就得到了你的净资产。你的净资产（不少人是负值）就是你的起点。

只有当你对你的经济现状有了清晰、如实的了解，你才能更好地进入下一步并改变它。

5. 实现目标的理由：你能从中得到什么

理由是实现目标的原动力。要实现你的经济目标，理由越多你就越有动力并能坚持下来，你的决心和毅力就越强。你的理由越多就越能激发你从安逸的环境中奋发图强。成功的人之所以能取得伟大的成就，就是因为他们有着激励他们向前的理由。

如果你赚了足够多的钱，摆脱了负债并实现了你的经济目标，把你和你的家人能去做的所有美好的事情写下来，尤其重要的是，一定要写下你在实现经济目标后的感受，你是否感到快乐、自信、骄傲、平静、激动和愉悦？

当你把经济目标和你在实现目标后所产生的心理感受结合起来时,你的动力就会加倍,不管在实现目标的过程中有多大的困难,你也能坚持下来。

6. 设立截止日期:你需要一个能够瞄准的靶子

在分析清楚了你目前的经济状况之后,你应该给你的经济目标设立一个你可以接受的截止日期,不仅是针对短期目标和中期目标,还应包括你实现财务自由的长期经济目标。

你需要给你何时摆脱债务设立截止日期,你需要给你何时能攒下月收入的5%、10%、20%设立截止日期,你需要给短期目标和中期目标设立截止日期,你也需要给长期目标设立截止日期。制定一个没有截止日期的目标等于白白浪费时间。

7. 找到你实现目标的道路上的障碍

在实现你的经济目标的道路上,你遇到的障碍是什么?在所有这些阻碍你成功的障碍中,哪个是最大的?

在你赚钱、储蓄、投资和积累财富的过程中,你遇到的短板是什么?所谓"短板",是指阻碍你实现经济目标的首要因素,它的影响比其他任何因素都大。

"80/20"原则在这里也有效。似乎阻碍你完成经济目标的因素中有80%都是内因。很多情况下,拖你后腿的往往是你自己能力的缺陷,或者是缺乏自律,或者是某种性格问题。你自己是哪一种?

问自己这样一个问题:"我为什么还没有实现我的经济目标?"换句话说,你爱为你没赚到想要赚到的钱、没能实现经济独立甚至是负债累累找些什么样的理由？你的回答能告诉你目前的位置和实现你未来目标所要做的事情。

8. 找到你所需的知识和技能

要实现你从未实现过的经济目标，你当然也需要获得你从未获得过的知识和技能。

为了实现经济目标，你需要获得哪些知识？你需要掌握哪些技能？在所有这些知识和技能中，哪些是最重要的？你打算怎样去获得它们？

你赚钱的能力，也就是你让别人心甘情愿付给你想要赚的钱的能力，是你实现你的经济目标的关键。

看看你的周围，哪些人正在赚着你想要赚的那部分钱？他们和你有哪些不同？他们有哪些能力或技能是你缺乏的？如果你不明白，直接去问他们，大多数情况下，他们是乐意和你分享的。

把你要成为你的领域中的顶尖人才所需的知识和技能列一个清单，并按照优先级排序，从最重要的开始。从今天开始，照着清单一项项学习所需的知识和技能，然后去实现自己的经济目标。

9. 找到你的团队

从你的职业生涯中找到能帮到你并能从你这里得到帮助的人。想一想你的老板、同事、同辈，还有你的客户、供应商等。

要想在生活中获得任何有价值的东西，都离不开其他人的帮助与支持。如果想要得到别人的帮助与支持，你首先要

成为一个乐于付出的人。在你开口向别人寻求帮助与支持时,先想想能帮助别人的法子。

大多数人在生活中都奉行权宜之计,他们都寻求最方便快捷的方式来迅速获得他们想要的,而不怎么考虑由此带来的长远影响。也就是说,人们做一件事,就是要获得利益并把自己和自己的利益摆在首位。你所要考虑的是,当别人和你合作时,他们能从你这里得到什么好处,从而帮助你实现你的目标。

同时你也需要你的家人的理解与支持。如果你为了实现你的经济目标长时间努力工作,一定要让你的家人知道,向他们解释这一切都会让他们受益。在实现你的阶段性目标时,记得给他们奖励,可以是一份礼物或是一次旅行。记住:在通往实现经济目标的道路上,你的家人一直与你同在。

目标!

总之,为了得到别人的帮助与支持,你必须牢记每个人心中的那把小算盘:"给我的是什么?"

10. 制订计划:你需要循序渐进

现在,你已经知道了你想要的、你的起点和何时达到每一步目标。你也知道了你需要克服的障碍、你需要的知识和技能和他人给你的帮助与支持。接下来你就该制订你的行动计划了。

根据上面的信息,把实现你的经济目标所需的步骤列一个清单。把你要做的事情按时间顺序排序——做完一件事情后,接下来要去做什么。

同时,也要按优先级排序,运用"80/20"原则,确定哪些事情是最重要的,哪些是不太重要的。然后,从最重要的事情开始,一件件去坚决执行,直到最后一件事情。

现在你有了目标和计划。把上面的信息罗列到一起,回答那些问题并把它们写在纸上,你就有了指导你的行动并助你通向成功的路线图,你实现经济目标的可能性就大大增加了。

当你朝着"实现财务自由"这个目标奔去的时候,你会觉得遥不可及。但当你把这个远大的长期目标拆解成多个易完成的小目标时,你会发现这个过程变得更可行、更可信了,看起来不那么遥不可及了。

一次就实现整个目标确实不太可能,但千里之行,始于足下,做好你能力范围内的第一步,你就成功在望了。记住:好的开始是成功的一半。

11. 想象:在头脑里描绘成功的图景

你首先要"看见"一件东西,然后你才会"得到"它。你对实现财务自由后的生活看得越清楚,你朝这个目标努力的行动就越快,你就会越早实现它。

为了加强你的头脑里实现财务自由后的生活的图景,你可以做一张海报,把这张海报放在你随时能看到的地方,海报上面再贴上一些你在财务自由后想拥有的东西。比如,你可以贴上豪宅、名车、游艇、度假胜地、时装、珠宝、家具等一切你在实现财务自由后想要拥有的东西。在这些东西的正中间,你再贴上你自己或者你全家的照片。时不时看看这张海报,想象上面的一切你都将会拥有。

你得到海报上的一切只是时间问题。想象一下你住在那栋豪宅里或者你在那个度假胜地度假的场景,你感受如何?

当你的目光流连在海报上时，你就会产生一种积极而又平和的期待，期待所有的一切在未来某个时间都会实现。

12. 坚持：下定决心，永不放弃

一旦你确定了你的经济目标，你就要下定决心，坚持到底，直到成功。要有克服一切困难的决心，只有这样，你才能最终实现你的经济目标。

记住，当你给你自己制定一个或一系列目标的时候，你也将你自己交给了沮丧、困难、失败和击倒，这些东西会在你通往成功的道路上如影随形。没有它们，就没有成功。往好的方面想，这些困难险阻都将成为你的经验的一部分，你从中汲取的教训会帮助你未来终将成功。因此，你要做的不是纠结于这些困难如何阻碍了你的成功，而是要从中好好学习和总结。

目标！

你能获得的成就是没有止境的，除非你自己给自己设定一个界限。困难往往来自于内心，而并非外部。当你下定决心，不断总结每一次经历，那么，你一定会实现你的经济目标！

制定并完成自己的经济目标

（1）今天就确定你的净资产，知道自己从哪里起步。

（2）确定自己在未来一年、两年、三年、四年和五年中月收入达到多少。

（3）制定一个摆脱负债的计划。每月要省下一些钱，看看哪些方面的花销是可以避免的。

（4）在没有收入的情况下，看看每月需要多少钱能保证舒适生活，并以此作为制订自己经济计划的基础。

（5）开始学习有关钱的知识，怎样赚更多？怎样让它增值？

（6）向成功人士取经，尤其当你打算创业或投资不动产时。

（7）给你余下的职业生涯制定一个目标：把你的收入的 10% ~ 20% 存起来，以财务自由为最终目标。

第 9 章 制定并完成自己的经济目标

第 10 章 成为行业里的专家

> 不寻常的人其实也是寻常人,只不过他在更多的领域中渴望更丰硕的成果。
>
> ——梅尔文·鲍尔斯

就像一张军队招募新丁的海报上所写的,"在各个方面成就自己"应该是你的目标之一。只有那些表现出色的人才能得到丰厚的回报,表现平平的人得到的回馈也很一般,而表现不好的人,则要经受失败和挫折,所获甚微。

在现行的经济体制中,一个人的收入取决于三个因素:第一是他的工作,第二是工作表现如何,第三是找人替代他的困难程度。

职场上最成功的人所具备的素质之一,就是他们在其职业生涯的某个时刻决心要表现卓越,决心要成为行业里的顶尖人物,而且不在乎要付出多少时间、付出何种代价和牺牲。下定这样的决心,促使他们从那些从未这样下定决心的人群里冲出来,努力让自己的收入攀升到常人的3倍、4倍、5倍甚至是10倍的水平。

再提"80/20"原则

很多年前,当我开始干推销这一行的时候,有人跟我提过"80/20"原则,说它适用于推销这行。他说,80%的销售额是由20%的推销员取得的,因此这20%的人挣得就多。就在那个时候,我决心要成为那20%的人之一。这个决定永远地改变了我的生活。

我的童年比较艰苦,受的教育也不多,因此我长大以后对自己的评价不高,缺乏自信。如果我尝试做什么事情而且做得不错,我会立刻把它解释成一次意外、一次好运气。很多年来,我都把自己看成是我那行里的一般人,甚至不及一般人。

重要的醒悟

有一天我忽然醒悟了。我意识到,每个行业里顶尖的10%的人都是从最底层做起的,如今成就非凡的人都有过表现平平的昨天,那些能够站在生活前列的人也曾潦倒不堪。更为重要的是,我意识到,我也可以像他们那样。事实上,对每个成功者而言,情况的确如此。

没人比你强,没人比你聪明,人们不过是在不同的行业里各有专长罢了。此外,所有的技能都是可以学习的。那些在某些方面强于他人的人不过是在你之前学到了某些基本的技能,并结合了其他的能力而已。

自我发展的金科玉律

下面是我的另一个重要醒悟:
你可以学到任何需要学习的东西,从而实现自己的目标。

除了那些你自己给自己设的限制以外，没有什么能限制你的前程。如果你决心要出类拔萃，成为行业里顶尖的人才，那么除了你自己，什么也不能阻挡你。

那做起来容易吗？当然不容易！在这本书里我没说过一次"容易"二字。任何值得去做的事情，都需要花很长的时间，下很大的力气。不过只要你心有所想，而且能够付诸努力、肯花时间，目标就一定能够实现。一旦你到达了胜利的顶峰，你就会感到自己付出的每一分努力都是值得的。

莱斯·布朗是一个励志演说家，他说过："为了获得你从来没有得到过的东西，你就要成为你从来没有成为过的人。"

歌德说过："想要得到更多，就要付出更多。"

一旦你决定成为业内的顶尖高手，那么你唯一要问的问题就是：我怎么才能做到？各行各业中都有不计其数的人从底层跃至顶层，他们的天分可能并不比你高，这就足以说明你也一样可以做到。在生活中，做到出类拔萃乃至成就斐然往往在于人们的勤奋和投入，而不是天分。只要你足够努力，你一定会成为他们中的一员。

接受教育对于成功是必不可少的吗

几年前，一项对福布斯富豪榜中的 400 名大富翁的调查结果显示，那些高中就辍学的富翁拥有的财富与大学毕业的富翁相比，每人平均高出 3.33 亿美元。

我提及这一情况的原因在于，很多人都觉得如果自己在学校里成绩不佳的话，那他将来一生能够取得的成就都要受到限制。但是，事实是最好的证明，美国乃至世界上一些

最成功、最富有的人都并非是学习成绩优秀的好学生。

记住这样一个问题：如何吃下一头大象？答案是：一点一点地吃。如果你希望自己出类拔萃，道理也是一样的。在向顶峰攀登的征途中，你要一步一个脚印。

资产升值还是贬值

一个事实是，你目前具备的知识和技能正在加速变得陈旧和过时。我前面曾经说过，一个人挣钱的能力可能是一笔升值的资产，也可能相反，这取决于你是不断更新自己还是任由自己的知识和技能日趋陈旧。这是一个你每天都要作出的选择。

一个好消息是，当你为了成为行业中的佼佼者而开始恶补或更新自己的知识和技能时，你就好像参加了一场赛跑，而且只有你一个人真正在跑。你很快就跑到了别人前面，占据了领先的位置。同时，你的大部分竞争对手只是在后边晃悠，为了保住饭碗而做那些必须做的事，甚至连想要出类拔萃的念头都没动过。

弄清自己需要哪些知识

在向顶峰攀登的征途中，你要问自己这样的问题：为了能够领众人之先，我还需要学习哪些知识和技能？还需要掌握哪些资讯？

设想在未来的3到5年内，自己是行业里薪水最高、表现最出众的人士，那么这3到5年中会发生哪些事？为了达到那样的水平，自己还需要做什么、学什么、获取什么？为了成为行业里的领头羊，自己还需要掌握哪些技能？

跳　槽

我有一个好朋友，他曾经在一家小律师事务所当律师。他的父亲是个律师，所以上大学的时候他选择了学法律。毕业以后，20岁刚出头的他开始实习。很快，他认为律师这个职业不适合他，因此决定要在商界谋个职位。

那时他大概26岁。他不顾家人的反对，一门心思想扎进哈佛大学学习MBA课程。他花了2年时间进了哈佛，又花了2年时间学完了课程，成了令人羡慕的哈佛大学工商管理专业的毕业生。

后来，他回到家乡所在的城市面试了几份工作，最后在一家发展迅速的航空公司谋得了一份初级管理职位。事实证明，这次跳槽非常成功。不到10年，他就坐到了那家航空公司总裁的位置，工资是他当年做律师时候的10倍。他成了公司里最年轻且最受尊敬的"掌门人"。

随着你的成长，你的职业生涯难免会发生改变。你必须时刻着眼未来，考虑需要哪些知识和技能，让自己的经济收入持续增长。

认清工作的关键部分

正如我前面说过的，每份工作都包括 5 ~ 7 个关键部分。拿推销来说，关键部分依次是：作预测、建立联系、确认需求、提出满足需求的方案、解答疑问、完成推销、对满意度高的顾客进行再推销。

如果你是个推销员，你应该在这7个方面按照最低1分、最高10分的标准给自己打分。如果你希望成为那20%中的佼佼者，那么你的平均分不能低于7分。

在你给自己打完分之后，应该拿着这7个方面的内容找自己的老板，找客户更好，让他们也给自己打个分。这样做会让你视野开阔。你对自己的评判往往要比别人的高。

无论最后的结果怎样，你必须找出自己最弱的方面并予以加强，从而达到或超过竞争对手的水平。你最弱的方面决定着你收入的多少，以及你在职业生涯中能走多快和多远。

走上快车道

对于你今后的职业生涯来讲，下面的问题很重要：

如果你的某项技能能发挥到最佳水平，并且会对你的职业产生最积极的影响的话，那么它应该是哪项技能？答案就是你个人与职业发展的关键点。

如果你对答案拿不准，去找你的老板，问问他的意见，再问问同事或者下属，以及你的配偶或者朋友。找到这个问题的答案，然后集中精力优化自己在这方面的表现，这是完全必要的。

这也就是你个人和职业进步的主要目标。把它写下来，加上一个期限，制订一份计划，围绕计划采取行动，让自己在这方面能够"天天向上"。

一旦你在自己最弱的方面具备了优势，那么再问问自己：现在，哪方面的技能对我的帮助最大？无论答案是什么，赶紧在那方面下工夫，直到自己具备相关的优势为止。

收入最高的人在自己职业的各个关键部分的平均得分总是很高。这也一定要成为你的目标。

出色的经理

如果你在管理层工作,你能否成功同样取决于 7 个关键部分,依次为:计划、组织、搭班子、授权、监督、评估、汇报。在每一个部分,一个成功的经理人都会做得很好;而如果有人不那么成功,那么一定是他在某一个或某几个部分没有做好。如果他在其中某个部分的确很弱,那么这对于他获得成功将是致命的打击。

比如,如果一个人在各个部分都做得很好,除了授权以外,那么他每天都会为此付出代价。跟我共过事的经理中有人授权能力非常之差,以致什么工作都难有进展。由于办事不力,他在工作流程中引起了不良的连锁反应,最终被炒了鱿鱼。

在这些关键部分给自己打个分。让你周围的人也给你打个分。一定要实事求是,不要应付了事。

360 度分析

"360 度分析"是如今被广泛应用的一种管理手段。做法是,把一份调查表分发给一个经理的几个下属,填的时候不用署名,填好以后交给第三方的一位咨询师,由他来对结果进行总结,然后把总结的结果交给这位经理,让他看看别人对他的评价。其结果往往会让该经理大吃一惊。

比如,这位经理会说:"我的决定都是经过深思熟虑的。"而他的下属则说:"他不行,优柔寡断,而且经常拿不定主意。"

在最近的一次关于管理人员的研究中,在成效方面,

75%的经理人把自己列在25%的佼佼者当中；在个人品性和智力方面，大部分经理人认为自己属于20%的顶尖人物。无论自身素质或是品质如何，高看自己是人的天性。这就说明了为什么定期让别人评判自己会非常有益。

把自我提高看成一个目标

一旦你认定你的职业中需要提高的关键部分，就把它当作一个目标，并制订计划，确定一个标准，再加上一个期限。然后，每天努力在这方面提高自己。一周、一个月或是一年之后，你就会非常出色了，你会成为一个专家。

接受自己

近年来最为畅销的商务书之一是《现在，发现你的优势》，这本书是早先另一本畅销书《首先，打破一切常规》的姊妹篇。这两本书都得出了一个结论，即"人是不会改变的"。

一个人天生就具备某些技能、倾向、力量、弱点和天分，这些因素一般会在后天的生活中显露出来，而且在人的一生中不太容易改变。

在你的职业生涯中，你要迈出的极为重要的一步，就是认清自己究竟擅长做什么，然后全身心地投入其中，让自己出类拔萃。

玛丽·帕克·福莱特是20世纪20年代的一位社会学家，她曾写道："纵马驰骋的最佳方向就是马选择的方向。"自我发展的最佳方向，同样是一个人的天性和天分所偏好的方向。作家兼演说家吉姆·卡思卡特告诉人们要"培养你的天性"。

这是一条你在整个职业生涯中都应该遵循的重要教诲。

在这个星球上，与生俱来的天分和天性使你有别于他人，并具有独特的气质。在你的一生中，你经常会被自己的天分和天性引领着，在某个领域内成就颇高，而且与做其他事情比起来，你会自得其乐。因此，你的一个重要目标是，认清自己擅长而且能够自得其乐的一个或两个方面，再集中力量让自己出类拔萃。

开发你的天分

篮球运动员迈克尔·乔丹曾说过："每个人都有天分，但是要想具备能力，就需要勤奋了。"诗人朗费罗也曾写道："常人的悲剧在于，直到进了坟墓都未曾将心中的华彩乐章演绎一番。"

你可以在一个不适合自己的领域中奋斗 20 年，之后你会发现自己擅长于某个领域，从而在短短几年间就获得了比过去 20 年更多的回报。

拿破仑·希尔曾说过，在美国，成功的关键是找到自己真正喜欢做的事，然后把它做好，让自己活得精彩。

大部分白手起家的百万富翁都说过："我这一辈子压根儿就没工作过。"他们所做的只是找到自己喜欢做的事，然后不停地做，并以此为乐。

认清自己的特殊天分

若要认清自己的特殊天分，知道自己适合做什么，一共有 8 种办法。它们是：

（1）在做某件事的时候你总是情绪饱满、状态良好，而且乐在其中，甚至不给钱你也愿意做。它可以令你充分地自我发挥，使你得到极大的满足和快乐。

（2）某件事你总是做得很好，似乎你天生就适合做这个。

（3）到目前为止，你获得的大部分成功和幸福都要归功于某件事。从早些年起，它就是你喜欢做的事情，你从中得到了丰厚的回报，还有人们的夸奖。

目标！

（4）这件事对你而言，易学易做。事实上，它学起来是这么容易，以至于你都忘了是在什么时间、如何学会的了。你只是在某天早上醒来，突然发现这件事自己做起来不费力气，而且成效显著。

（5）它抓住了你的注意力，令你着迷。你乐于想着它、读到它、说起它，并且希望更多地了解它。你对它的着迷程度就像飞蛾扑火一般。

（6）你一生都乐于了解它，并且擅长此道。你有一种内在的渴望，确实希望自己在这方面出类拔萃。

（7）当你忙于做某事的时候，时间仿佛停止了，因为非常投入，你可以长时间地废寝忘食。

（8）对于你喜好并且擅长的事情，有些人也有同样的偏爱。对于这样的人，你确确实实地欣赏和尊敬他们，你希望能够多跟他们打交道，能够向他们学习。

如果什么事情是你如今正在做的，或者是你以前曾经做过的，而且符合上面的描述，那么它将引领你走向你能够发挥特长的那个领域，走到你心中向往的地方。

为"活得精彩"而生

一个人的天分是与生俱来的,而且发展起来也容易。在潜意识里,它们早已被"设置"好了。而你的任务,就是去发现自己的天分,然后用一生的时间来发展它。

很多技能都是互补的,它们相辅相成。这就意味着你在某个方面的技能必须达到一定水平,才能更高水平地发挥其他的技能。有时你不得不去学习和掌握你并不太感兴趣的技能,但是为了能够在自己期望有所成就的领域成为佼佼者,这是必须付出的代价。

还差一项技能

有一条规则:如果想让自己的创造力、表现和收入加倍出色,你只差一项技能。为了更高水平地发挥其他的技能,你在某个方面的技能必须达到一定水平。

记住,所有商务方面的技能都是可以通过学习掌握的,而不是先天的。如果你需要学习某项技能来充分发挥自身潜力,就要通过实践和不断重复来掌握它。

不要掉进"表现不佳"的陷阱

如果一个人在某方面比较弱,他就会尽量避免在那方面有所行动,这种情况比较普遍。一个人可能因此而跌入"习得性无助"的陷阱。他可能会说"那方面我不在行",或者"在那方面我没有天分"。

但这只不过是在给自己找借口。如果某项技能对你而言非常重要,那就应该掌握它。实际上,也许这项技能简单易学，只要下决心努力你就可以掌握它，如果只是因为不去掌握它而被拖了后腿，那么这就是你所有做法里最糟糕的一个。别让这种情况发生在你身上。

不奋斗就不会出色

有一句老话："万事开头难。"我们做任何一件事都要经历一个从"不熟"到"熟"的过程。

无论什么时候做一件以前没有做过的事，一开始你都可能不会做得很好。你可能会感到水平不够，技不如人；你可能常常会觉得自己很笨，很丢面子。但是为了能够成为佼佼者，这是必须要付出的代价。成功的代价是任何时候都要付的，而作为这种代价的一部分，就是要为了掌握一项不易于掌握的技能而历尽千辛万苦。

目标！

挥挥魔棒

用用"魔棒"的技巧。想象一下，如果你可以通过挥挥魔棒而在某项技能上出类拔萃，那么应该选择哪项技能？如果你可以挥挥魔棒，在自己的天分和能力方面许个愿，你会许什么愿？

为了能够把自己要做的事情做好，为了提高自己的能力，这些问题的回答往往会指明一个努力的方向，或是一个目标。

开始一个将延续一生的"自己动手"的项目。随时准备花上几年时间，在某个重要的方面做到出类拔萃。为了成为佼佼者，要准备付出任何代价，作出任何牺牲。

"3+1" 公式

无论你想掌握什么样的技能，都可以运用"3+1"公式，它的特点是简单实用。

首先，每天都要看一看有关方面的书籍，哪怕只用半小时或者15分钟。知识是需要积累的，你看得越多、学得越多，你就会越自信，事情做得也越好。

其次，在开车的时候放放磁带，听一听有关的教学课程。平均下来，一个人一年开车的时间大约有 500～1 000 个小时。把开车的时间变为学习的时间，这样一来，只是通过在车里听听有声教学课程而不是音乐，你就可以成为这一领域里知识最丰富的人。

再次，参加学习班或是培训班。很多人由于在某个关键科目上参加了培训班而就此改变了一生。自那以后，他们确实是"士别三日，当刮目相看"了。

最后，一旦有机会，就把自己学到的东西实践一番。只要你听到了什么好主意，就要去试试。听到一个好主意就能够去尝试一番的人，要远胜于听到 1 000 个好点子却什么都不做的人。

完美源于实践

你实践得越多，你的竞争力也就越强，并且能力出众。你实践得越多，你获得的自信也越多，你也会越快地克服自我能力欠缺的感觉，从而尽快掌握所学的东西。一旦你把学到的技能加入自己的"能力工具箱"，在今后的事业中你就会始终拥有它。

就在今天，就在此刻，下定决心成为行业里的精英分子吧。看一看他们是什么样的人，怎样挣钱，做什么样的事，跟自己有什么不同。再看看他们具备什么特别的知识和技能，要下定决心，以他们为榜样。记住，无论学习何人，无论做何事，只要合乎情理，你都可以实现目标。没人比你更优秀，也没人比你更聪明。事实上，你同行中的精英分子也曾经从事过别的行业，这就说明，只要你目标明确，好好下工夫，花上足够的时间，你就可以像他们一样优秀，前途无量！

成为专家的"12步程序"

下面概括出的"12步程序"，能让你成为你想成为的任何一个领域里的专家。

（1）欲望：你想拥有哪一项关键技能？你想成为哪个领域里的专家？

（2）信念：为了增强你成为某个领域里的专家的自信和信念，你现在要采取的行动是什么？

（3）写下来：想象自己掌握了一项关键技能，用现在时态的语气在纸上清楚地写下你的感受。

（4）确定你的起点：你目前在该领域里处于什么位置？你的优势和劣势是什么？

（5）成为专家的理由：如果你掌握了一项关键技能，成为了某个领域里的专家，你的生活会有哪些改观？在纸上列出5件最大改观的事情。

（6）设立截止日期：为何时能成为专家设立一个截止日期，然后为完成这一目标的各个步骤也设立截止日期。

（7）找到障碍：找到你在成为专家的过程中的障碍，尤其是那些自身的原因形成的障碍。

（8）找到你所需的知识和技能：找到你需要获取的资源，包括相关方面的书籍、音像制品、研习班等。只有通过不断地学习，你才能掌握一项全新的技能。

（9）找到你的团队：为了掌握一项关键技能，你需要谁的帮助或者与谁合作？

（10）制订计划：为了成为某个领域里的专家，把你需要做的事情列一个清单。

（11）想象：在头脑里描绘自己成为专家时的图景。不断重复这个图景，直到将它植入到你的潜意识中。

（12）永不放弃：一旦你下定决心去掌握一项关键技能，那就坚持到底，永不放弃，直到你被认可为某个领域里的专家。

就像解一道数学题的公式或者烹饪一道菜的食谱一样，只要你按照上面的"12步程序"去努力，去奋斗，你就能实现任何你想实现的目标，成为你的领域里的专家。

成为行业里的专家

（1）今天就下定决心，要成为行业里的精英。准备花一生的时间，做到出类拔萃。

（2）找出工作中的关键方面，也就是那些你必须积极努力将之做好，以求达到成功的方面。

（3）找到你最薄弱的关键方面，本着"自己动手"的原则，努力在该方面成为佼佼者。

（4）看一看，为了在行业里成为领头羊，自己还需要哪些知识和技能。

（5）花一生的时间来学习。看书、听有声学习材料、上研习班，然后把学到的东西尽快用于实践。

目标！

第 11 章 改善你的家庭生活

> 平凡的人有着巨大的潜力,就像一片还未通航的大海,一片未被开发的新大陆,一个能创造出无限美好的新世界。
>
> ——博恩·崔西

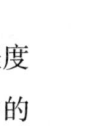

你的家庭生活质量及你与家庭成员间的关系在很大程度上决定了你是否幸福。因此,千万不能忽视你个人生活中的这一重要领域。

男人和女人对待两性关系的态度通常是不同的。几千年前,男人外出打猎,而女人留守在家里并照顾小孩。男人通过展示他们的狩猎技术、有能力带回猎物并养育家人来获得尊严和自我价值。一个男人在部落里的地位决定于他在部落里的狩猎技术处于什么水平。

到了 21 世纪,情况并没有发生多大改变。男人仍然通过展示他们的狩猎能力——赚钱养家,来体现他们的最终价值并获得尊严。男人仍然喜欢与同性比较这种"狩猎能力",他们追求并炫耀能证明他们比其他男人"狩猎能力"更强的东西,比如豪宅、名车、时装、昂贵的手表等物质上的东西。

作出改变

女人和男人不同,她们的成功和幸福主要取决于她们的人际关系,尤其是与丈夫和孩子的关系。她们所做的事情中,大部分都是在寻求改善她们的人际关系和家庭关系。对大多数女人来说,人际关系是她们生命价值的核心。

如今,对于男人和女人来说,家庭和孩子都成为了他们生命中最重要的组成部分。可能男人会因为忙于事业而忽略这点,但女人绝对不会。

正是因为家庭生活和家庭成员关系对于全家人的身心健康如此重要,所以才有必要制定一些清晰、具体的目标,来经营高质量的家庭生活,从而获得幸福感和满足感。

设计你的理想家庭生活

为了给你和你的家人或者你最亲近的人设计理想的生活,你可以用到前面提到的制定和完成目标的"12步程序"。

1. 欲望:你究竟想要什么

想象一下,假如你的家庭生活本身就是完美的,那会是什么样的?那会和你现实中的家庭生活有哪些不同?再想象一下,假如你有一根魔法棒,挥舞一下就能让你现在的家庭生活变得完美,那它会变成什么样?

如果你是单身,并且正在寻找你理想中的另一半——完美的灵魂伴侣,可以做一下这个练习:拿出一张纸,把你对理想中的另一半的所有要求都写下来。想象一下你是在给"完美伴侣"商店写订货单,商店会按照你纸上写的给你一个完美的理想伴侣。因此你要写得尽可能详细,把你要求的每一点都写上，包括年龄、学历、健康状况、外貌、价值观、幽默感、生活经历、兴趣、喜好、家庭背景、朋友圈、对待孩子的态度、对待金钱的态度，等等。

目标要清晰

当我把上面这个练习推荐给我的研习班上的学员时，他们都认为这样找伴侣过于冰冷和机械了，一点也不浪漫。但我可不这么认为。把你想找的理想伴侣的优点逐条写在纸上能让你目标更为清晰，这种清晰是你从未有过的，并能把这幅理想的图景植入你的潜意识中，从而让你拥有更大的能量。你将在你的周围积累起你的小宇宙，把你想找到的人吸引过来。

我自己就做过这个练习。那时，我把我想要找到的人的优点全列出来，写在纸上。过了不久，当我在一所大学举办讲座时，一个年轻姑娘过来问我如何才能找到生命中的另一半。我让她也做这个练习，要她把另一半的样子都写下来，并让她坚信，世界上一定有一个这样的人，会在恰当的时候遇到她。

几个月之后，我和她又相遇了。我们拿出彼此的纸条，竟然发现对方就是自己要找的那个人！到现在，芭芭拉和我已经结婚30年了，我们生活幸福并且养育了4个孩子。这个练习起作用吗？至少对于我是有作用的。

只需一支笔和一张纸，再花上你几分钟的时间，就能让你的后半生拥有幸福人生，这笔买卖太划算了。

改变你的生活

无数做过这个练习的人后来找到我，说他们成功地找到

了另一半并且生活幸福，这个练习改变了他们的一生。有的人单身了数月甚至数年，在做过这个练习后不到3天就找到了另一半。因此，你也可以试试看，也可以给你的朋友们推荐这个练习。如果真的有效，对你一生的影响是不可估量的。

如果你已经结婚或者正在恋爱中，想象一下，你拥有一根魔法棒，挥舞一下就能让你的生活变得完美。那么，你现在的生活有哪些地方可以改进？你会多做些什么，或者少做些什么？你会去做哪些你从未做过的事情？你会停止做哪些影响你们生活质量的事情？

2. 信念：看法会成为现实

目标！

你对你的家庭生活的看法会成为现实。你对于自己在家庭生活中所扮演的角色和承担的责任的看法，能追溯到你的童年生活。你的生活经历也影响着你对家庭生活的看法。实际上，有些看法不是以事实为依据的，是站不住脚的，有时仅仅是从别人的生活的侧面得出的不全面的认识。

因此，要经营高质量的家庭生活，你对此的看法必须是合理的、可行的，既能与你自己的价值观和原则相符，也能提升每一个家庭成员的生活质量和幸福感。

永远有效的法则

关于家庭成员之间的关系，有成千上万本书对此有过描述，但有几个法则似乎永远都是有效的：

（1）两性关系的基础是无条件地接受对方。这意味着你要按照对方本来的方式完全地接受他/她，而不是总想着改变他/她的某种个性或人格。"无条件接受"是你能给予你的爱人的最好的礼物。

（2）在和你的爱人相处时，你为他/她考虑得比为你自己要多。真正爱着对方和孩子的人，能够为之奉献出自己的一切。

（3）衡量一段感情是否美好的标准就是看你们在一起时是否经常开怀大笑。因为笑是一个人内在幸福的外在表达，这是一种没法造假的衡量标准。

不断审视自己的信念

要解决你和家庭成员之间存在的问题，首先要审视一下自己的信念，尤其是有关自律的信念。好的家庭信念能提升所有家庭成员的幸福感，而不好的信念则会毁掉幸福。

如果你在家庭生活中找不到幸福和愉悦，那么你就该审视一下自己对于家庭生活的信念是否正确，是否有助于提升家庭成员的幸福感。注意，要时刻想想是不是自己做错了什么，而不要总把责任归于对方。

3. 写下来：在纸上写下你的目标

在纸上详细地写下你想要的完美家庭生活的细节，就好像你现在过的就是完美的家庭生活。把你的家庭成员的名字也写上去，详细记录下他们在完美家庭生活状态下是什么样的，他们的感受又是如何。

详细描述你的理想生活方式。记录下你的生活，从早上到晚上，从周一到周日，从1月到12月，你的生活各是什么样的？如果你和你的家人过上了理想中的生活，你们会在一起做什么？你们会在傍晚做什么？你们会在周末做什么？你们会怎么度过假期？你们会去哪里度假？你们会在度假的地方做什么？

想象是没有极限的。如果你过上了理想中的完美生活，你打算在哪里定居？你将住在什么样的房子里？你将给你的家人提供什么样的物质生活？你想让你的孩子上什么样的学校？你将为他们挑选什么样的大学？

把这些写在纸上能大大增加你实现这些目标的可能性。记住，不要一开始就考虑是否可能，而是要先考虑是否是最好的；不要一开始就考虑是否付得起，而是要先考虑是否是你想要的。

最好是能和你的家人一起讨论这些目标，问问他们想要的理想生活是什么样的。再把所有这些理想和目标记录下来，然后为之奋斗，这就是你的家庭的基石。

4. 确定你的起点：你目前在哪里

对自己的现状做一次如实的分析。和你最重要的家庭成员谈谈，知道他们是怎么想的，他们是如何影响你的现状的。

几年前，我让我的研习班成员做过一个练习，我告诉他们可以从4个方面改变他们的生活：

（1）他们可以多做有效的事情。

（2）他们可以少做无效的事情。

（3）他们可以去做从未尝试过的事情。

（4）他们可以放弃一些事情。

当我提完这4个关于他们自身的问题后，我又建议他们回家向他们家人提4个问题：

（1）有哪些事情你们希望我多做？

（2）有哪些事情你们希望我少做？

（3）你们希望我去做哪些从未做过的事情？

（4）你们希望我放弃哪些事情？

我告诉我的学员们，如果他们真的有勇气提出这些问题，得到的答案一定会让他们惊讶，有的还会让他们震惊。

有一天晚上，我回家做了这个练习，问了我的妻子和孩子这些问题。他们的答案出乎我的意料，让我格外震惊。我按照他们的建议立刻采取了行动：我多做了一些事情，少做了一些事情，并且开始做一些我从未做过的事情，同时也放弃了一些事情。这对我的家庭生活产生了深远影响。不信你也可以试试。

5. 确定你要实现的目标的理由：你将会得到什么收益

如果你过上了理想中的家庭生活，把你能得到的收益列一个清单。如果你有足够的经济实力让你的家人幸福、满足，你和他们的生活会有哪些不同？把理想生活中每个人能得到的收益都详细记录下来，尤其是他们对自己、对家庭的感受。你想过上理想生活的理由越多，你为之奋斗的动力就越大，你也将越能坚持，直到实现目标的那一天。

6. 设立截止日期：你想要何时达到你的目标

一旦你确定了你想要的东西和要得到它的理由，接下来就要为实现目标设立截止日期了。截止日期有长有短，短的只需一天就能完成，长的可能要花费数月甚至数年才能完成。

在你为你的家庭生活制定的目标中,一定要有和家人共度时光的计划,既要有和他们共进晚餐或者共度周末的短期计划,也要有外出旅游的长期计划。但是不管是哪一种,你一定要提前安排好,否则工作上要是遇到紧急事务,你和家人的计划恐怕就要推迟了。

关于和家人外出旅游的计划,我认为最好是提前一年就要订好,并且提前给旅行社支付全部费用。因为一旦你付了钱,你肯定就不会忽视这次旅行了。否则,很容易一拖再拖,最后不了了之。

如果你的家庭计划涉及大笔资金,比如要搬进一套大房子、给家人添置新车或者新电脑、送孩子上大学等,你需要提前在经济上做好准备工作。

如果你有孩子,你必须为他们做长远的打算。许多年前,那时我的孩子年纪还小,我的一个朋友问我是否打算让孩子上大学。那时候他有4个孩子,年纪和我的孩子差不多大。我说当然,然后他又问我是否为孩子准备了足够多的钱,保证他们长大后能去最好的大学接受最好的教育。说实话,那时我的孩子还不到10岁,我的确没有考虑到以后上大学的问题。我的朋友当时笑了笑,他说他已经为他的孩子设立了全额信托基金,以保证他们长大后能上大学。我那时才如梦方醒,于是在接下来的5年里,我为我所有的孩子都设立了全额信托基金。我的朋友真是给我上了生动的一课啊。许多准备不够充分的家长在得知他们的孩子大学4年要花费的费用时,往往震惊不已。

不管你要和你的家人做什么或者为他们做什么,都不要推迟你的计划。尽早制定时间表并设立截止日期,然后开始行动。这将会大大缓解你以后的压力,到时候你就会发现这是你做的最为明智的一件事。

7. 找到在通往理想家庭生活道路上你需要克服的障碍

你和家人的生活方式为什么现在还达不到理想状态?是什么在阻碍你过上理想中的家庭生活?

从自己身上找找看,是不是有什么自身的原因——你的观念、看法、态度等——阻碍你过上幸福美满的家庭生活?

从周围找找看,是不是有什么外部的原因——你的职业、经济状况等——阻碍你过上你想要的生活?

阻碍你创造理想生活的最大障碍是什么?为了清除这个障碍,你能立刻做些什么?

或许,你最应该问自己的是这样一个问题:"什么是最重要的?"许多婚姻问题及抚养孩子的问题都是因为看不清什么是最重要的而产生的。

由于家庭关系中的强烈情绪和想要主导一个家庭的自我意识,你往往会忽视你的家庭生活的一个重要目标——你和家人的幸福安康。不管你和家人有什么样的分歧,不管你们要做出什么样的决定,时刻问问自己:"什么是最重要的?"

8. 找到创造理想家庭生活所需的知识和技能

记住,如果你要取得从未取得的成就,你就必须成为一个和你自己不一样的你。你必须挖掘出你从未有过的素质、品格和能力。

在家庭生活的每一个阶段,你都要抱有开放的心态学习新的项目、接受新的观念。你是和你的婚姻生活一起成长和向前发展的。当你的孩子长大时,你也要接受一些新的东西以跟上他们成长的步伐,当然,你也要把你的核心价值观和他们分享。

当你的某个家庭成员参与一项对于他/她很重要的活动时,你也应该尽量跟着他/她一起,陪伴他/她在这个领域中成长、成才。当我的孩子还小时,我们全家决定去溜冰。我们去了科罗拉多州的比弗克里克并在那里上了一周的溜冰课。从那以后,我们全家都能去美国或者加拿大度假溜冰了。这是我和家人最幸福的时光之一。孩子通过什么知道"爱"?答案就是"时间"——与家人共度的时间。

当我的女儿凯瑟琳决定骑马时,我的妻子芭芭拉就开始学习有关骑马的一切。最终,芭芭拉成了这方面的专家,她精通了有关马匹买卖、骑术、马展、马匹装备及马术竞技等领域的一切内容。这也让我们都参与到了凯瑟琳的马术生涯中去。

加深你和家人之间感情的唯一方法就是花时间和他们在一起。你和他们在一起的时间越多,尤其是花时间陪他们做一些对他们有意义的事情,你和他们之间的感情就越深。除此之外,没有其他办法。

9. 培养成为理想伴侣和父母所需的个人品质

如果你拥有一根魔法棒,挥舞一下你就能成为你家人心目中的理想模范,那么,在他们眼中,你将是什么样子?他们会认为你善良、脾气好、友好、有耐心、富有同情心?还是会认为你有安全感、鼓舞人心、富有激情?在这些品质中，你想让你自己拥有哪一种或哪几种？

亚里士多德曾经说过：拥有一种品质的最好办法就是在需要这种品质的时候想象自己已经拥有这种品质。换句话说就是，"假装得多了，就成了真的了"。因此，在需要表现出关怀、温暖、善良、有耐心的场景下，你就训练自己这些品质，总有一天，你会形成条件反射，那时，你就真的拥有这些品质了。

10. 制订计划：让你的家人和你周围的人都参与到你实现目标的过程中

想办法知道你身边的人的观念、需求及奋斗目标。和他们保持顺畅的沟通，随时了解他们的关注点和对各种事物的看法。当他们需要倾诉时，你要有耐心去聆听。除了你的伴侣和孩子之外，你也要和你的父母、兄弟姐妹、亲戚等多多交流，他们说不定能给你帮助和支持，让你早日实现你的家庭生活目标。

为你的理想家庭生活目标制定一个路线图，在上面标注上你在实现目标后能做的所有事情，包括你想给家人购买的礼物、你想去的地方、你想学的新东西和你们梦想中的旅行方式。注意这些事情的时间顺序，哪些事情是必须提前做好的，然后才能做后面的事情。同时也要注意优先顺序，要把最重要的事情放在前面。

11. 想象：在头脑中描绘出理想的家庭生活

为自己描绘出一幅清晰的理想家庭生活方式，想象你正在和你的家人过着完美的幸福生活，并在你的头脑中反复演练这幅理想图景，尤其要想象自己过上这种生活时的心理感受。

当制定出家庭目标后，一定要在头脑中描绘实现目标后的理想图景，并要和家人多多讨论。还等什么？马上行动吧！记住：展现你能为自己和家人实现理想生活目标的决心的最好方式，就是让自己和他们真切地感受到这种生活就在前方，触手可及。

12. 永不放弃：实现理想家庭生活目标的秘诀很简单——坚持到底

你应该提前下定决心，不管在实现理想家庭生活目标的道路上遇到多大的困难，经历多少的起伏，你都要坚持到底，永不放弃。

在生活中，维系和经营任何一段长期的人际关系，都需要耐心、坚持和深谋远虑，更何况你和家人的家庭生活。因此，你应该有足够的心理准备来应对在此过程中难免会遇到的困难、险阻及挑战。

你得到的回报也是巨大的，高品质的家庭生活能带给你最为强烈、最有意义的幸福体验，能让你感受到生命的无限精彩。

改善你的家庭生活

（1）想象你拥有一根魔法棒，挥舞一下你就能过上理想的家庭生活，那么，和你现在的家庭生活相比有什么不同？

（2）回顾一下你以前的生活，你和家人最幸福、最开心的时刻是什么时候？你们那时在做什么？

（3）如果你事业获得了成功，你想为你的家庭生活设立什么目标？

（4）在改善家庭关系方面，你需要多做哪些事情？

（5）在改善家庭关系方面，你需要少做哪些事情？

（6）你需要去做哪些从未做过的事情来改善你的家庭关系？

（7）你需要停止做哪些事情来改善你的家庭关系？

第11章 改善你的家庭生活

第 12 章　关注你的健康

最弱小的人,只要集中力量于一点,也能得到好的结果;相反,最强大的人,如果把力量分散在许多杂务上,也会一事无成。

——托马斯·卡莱尔

你应该给自己定下这样一个目标:拥有健康的身体和旺盛的精力,时刻感觉到精神焕发,能健康、平安地度过你的长寿人生。

幸运的是,在医学发达的21世纪,你的健康完全在你自己的掌握之中。你选择的生活方式会影响到你的健康状况,从而影响你的生活质量和寿命。

就像前面几章中讲到的经济状况和家庭生活一样,有付出才会有回报,如果你不花时间去学习有关健康的知识并关注自己的身体健康,你就不会拥有强健的体魄。因此,从今天起,积极参与到打造自己健康身体的活动中来吧。

进入"区域"

在20世纪90年代,巴里·西尔斯写过一本营养学方面的畅销书《区域》。在这本书中，他形象地把我们的身体比喻成一个工厂，里面有着许多生产车间。我们吃的食物就像原材料一样进入各个生产车间。通过改变饮食，我们就能改变车间里的生产过程，从而改变我们的身体状况。

《区域》这本书介绍了"区域节食法"，教你怎样吃得更健康并能减轻体重，从而让你的身体机能处于最佳状态。在这本书的结尾，西尔斯就"区域饮食"和"区域生活"回答读者的提问，我很喜欢其中的一个问题："如果忍不住嘴馋，又吃了一堆甜食，或者在假期里胡吃海喝，那怎么办？"

巴里·西尔斯的回答是："记住，不管之前吃了多少，你需要从你的'区域饮食'中减去的只是一顿饭的量。"

目标！

也许过去你有一些不健康的饮食习惯或者生活习惯，但是你在任何时候开始改变都不算晚。你可以从现在就下定决心，只吃健康的食物，只喝健康的纯净水，适量运动并保证充足的睡眠。选择健康的生活方式，你可以随时开始，这完全取决于你自己。

对自己负责

一些专家说，绝大部分缩短人类寿命的疾病是由两种原因造成的，一种是因为不健康的生活习惯，包括不良饮食习惯和缺乏锻炼；另一种是因为心理原因，就是不良情绪导致身体出现问题。你也许没法控制影响你身体健康的所有因素，但是至少你能控制其中的一大部分。

想要拥有健康的人生，首先你就要让自己的身体机能处于最佳状态，并长久保持下去。如果你的意志足够坚定，并且能坚持，那么一切皆有可能；如果意志不够坚定，那么你就可能半途而废。

12步程序

你可以依照下面12个步骤来制订你的健康计划并实现你的健康人生。

1. 欲望：你想拥有健康人生的欲望有多强烈

关于健康，你想让你自己的身体变成什么样的状态？你想要拥有强健体魄的欲望是你的健康人生的起点。这种欲望越强烈、越持久，你就越有可能最终拥有完美的健康身体，享受健康人生。

想象一下，你可以挥舞一根魔法棒让你的身体健康状况变得完美，那么，你的外表会是什么样？你感觉怎样？你的体重会是多少？你的身体机能会有哪些改变？要达到理想的健康状况，你要对你现在的生活方式和健康习惯做哪些改变？

目标一定要清晰，你对你要实现的健康目标越清晰，你就能越快地制订出健康计划并采取最有效的行动来实现它。

2. 信念：你要坚信自己一定能拥有健康人生

不管你之前做了什么，也许失败过，你一定要坚信，别人能实现的健康目标，你也一定可以实现。不管你之前的体重超标了多少，你一定要坚信，在某一天你一定能拥有标准的身材和健康的体魄。

许多人都认为自己的身材和健康状况是固定不变的。他们多年来一直这样认为，从来不去想着改变现状。有时，他

们还把原因归于遗传。他们总是给自己找些冠冕堂皇的理由。

是动力问题还是能力问题

想象一下，假如在未来一年内你要是能变得身材标准，身体状况完全健康的话，你就能得到100万美元的奖金，并且给你提供奖金的人还保证给你提供私人健身教练、专业营养师、健身俱乐部会员卡、健身器材等一切你所需要的。在这种情况下，你会改变自己的生活方式和健康习惯来让自己变得健康吗？

如果你的答案是"是"，那么，你要解决的健康问题就不是能力问题，而是动力问题了。只要动力足够大，你就会彻底改变自己的生活方式和健康习惯，让自己变得健康。因此，问题不是你是否有能力变得健康，而是前面讲到的"你想拥有健康人生的欲望有多强烈"。

目标！

给自己找到有效的动力

我有一个朋友，体重超标多年。让他去减肥，但他总有这样或那样的理由，因此多年来体重一直超标。直到有一天，他因为心脏病突发被送进了医院，醒来后，医生告诉他，他必须减轻体重，如果半年内减不掉50磅的话，可能就活不到第二年了。

医生的话像一把利剑悬在他的心头。他立刻开始改变自己的生活习惯，不去吃高热量的食物并且坚持每天锻炼身体。半年后，他减轻了大约60磅的体重并且一直维持在标准体重水平。死亡的威胁足以成为他改变之前不良生活习惯的动力。

一个人能否获得成功，尤其是实现自己的健康目标能否获得成功，很大程度上是由自身的习惯决定的。健康的人有着健康的生活习惯，而不健康的人则有着不太健康的生活习惯。正如激励大师埃德·福曼所说的，坏习惯很容易养成，但却给你的生活带来麻烦，好习惯很难养成，却能让你的生活更舒适。

因此，你是否能拥有健康的身体，关键在于你自己是否有意志和毅力。行动吧！从现在就开始，养成良好的健康习惯，为享受健康人生而努力吧。

3. 写下来：把健康目标植入你的潜意识

把你想达到的理想健康状态的各个身体指标详细地写在纸上。你想达到的理想体重、理想腰围、你每天或每周的运动时间，以及其他一切有关你的身体状况的指标。

4. 确定你的起点

做一次详细的体检确定你现在的身体状况。你现在的体重是多少？然后详细记录下你现在的生活方式，比如，你每周的运动量多大？每天的睡眠时间多少？睡眠质量如何？再分析一下你现在的饮食习惯，把你日常食谱上的食物列一个清单，看一下你平时摄入的蛋白质、矿物质及维生素等营养物是个什么情况。

在开始你的健康计划之前，一定要咨询一下医生的意见。同时，你也可以和营养师、健身教练谈谈，他们也会对你有所帮助。

记住：你之前是什么样的并不重要，重要的是你朝着什么样的目标努力。

5. 确定你的理由：实现健康目标后能得到什么好处

当你的身体到达理想状态后，你能得到什么好处？

你的体重将会是多少？你的外表将变成什么样？你的身体机能会有哪些不同？当你拥有健康的体魄时，你的内心感受是什么？你是否会变得更加自信？你在别人眼中会变成什么样子？在异性眼中，你是否变得更有魅力？

目标！

一个看过我的演讲录像的学员最近写信告诉我他的近况。他通过我之前的演讲录像学会了如何设立目标并获得成功，然后赚了不少钱。但有个问题一直困扰着他，就是多年来，从他的青春期一直到他30多岁，他的体重一直超标20多磅。这严重影响了他的自信，尤其是当他和女性打交道时。

然后他从我的一次关于健康的演讲录像中知道了日常生活中的"三大白色毒品"——面粉、白糖和盐。我在那次录像中建议人们在日常饮食中尽量少摄入这三种东西。他照着做了，不到三个月，他就减掉了22磅的体重，一直到现在，他都按照我的建议采用健康的饮食方式。他说他变得更有魅力了，这让他在社交和约会中变得更加自信。减掉多余脂肪的感觉让他觉得活力无限，他觉得这种感觉太奇妙了，并且获得这一切的方法如此简单——减少面粉、白糖和盐的摄入量。

6. 设立截止日期：你想何时实现你的健康目标

在制定了健康目标后，你可能需要花费数月甚至更长的时间来实现这个目标。因此，你需要给你的目标和其中的各个阶段设立截止日期，以此来敦促自己。

在刚开始实施你的目标时，你应该有些耐心。要知道，要把这么多年来养成的不良生活习惯改过来，至少也得花上数月，所以你得循序渐进。就算你再怎么约束自己，总会偶尔嘴馋，要么多吃了些要么多喝了些，有时你还会犯懒，没有完成额定的运动量。不过没关系，你需要从你的"区域"中减去的永远只是一顿饭的量，增加的永远只是一个步骤，只要能长期坚持下来，你终将回到你的"健康区域"。

你为自己设立的截止日期应该是现实的、可信的、能达到的。不要急于求成。每天只需少吃一点，多运动一点，一天下来你就能减掉1盎司的体重。每天1盎司，每个月就能减掉2磅，一年后，你就减掉了24磅的体重！通过这种循序渐进的方式减肥，最大的好处就是不会出现反弹。你还会在减肥的过程中培养出良好的、持之以恒的健康生活习惯，这会让你受益终生。

7. 找到在通往健康人生道路上你需要克服的障碍

现在你应该知道了，在你通往健康人生道路上的最大障碍往往是你自己。你自己的态度、行为，尤其是你的自律，是你实现健康目标的最大障碍。

幸运的是，所有的习惯都是后天养成的。你可以通过养成新的好习惯来克服之前的坏习惯。自律也是一种习惯，你可以在需要这种习惯的场合多注意些，强迫自己养成自律的好习惯。

自律和自尊似乎有着直接联系。当你为了实现某个目标而自律时，你的自尊也越来越强。当你面对困难和诱惑还能坚持下去，你会更加喜爱和尊敬自己，这时候你的自尊变强

了，同时也会提高你自律的能力。每一个让你更自律的场合都会让你的自尊变得更强，这样就进入了一个良性循环。

8. 找到实现健康人生目标所需的知识和技能

有时，一本营养学方面的书就能改变你对食物的认识，让你从此树立正确的营养观念、养成健康的饮食习惯；有时，一堂有关身体力量、耐力、柔韧性方面的健身课就能让你养成良好且有规律的健身习惯。

你学到的有关营养、饮食、运动方面的知识越多，你就越容易选择正确的生活方式让自己的身体更健康。你知道吗？每天早上在早餐前半小时吃一个苹果，既能提供给身体足够的抗氧化剂，也能有效抑制食欲，让你保持好身材。俗话说的"每天一个苹果，让你远离医生"是很有道理的。你还知道吗？在你进食20分钟后，你大脑中的"食欲中枢"就关闭了，你也就不觉得饿了。因此，进餐一开始少吃点，并且吃得慢点，20分钟后就可以不用吃了。这样你就可以有效控制自己的热量摄入，让自己保持正常体重，同时也不会缺乏身体所需的营养。

9. 找到对你实现健康人生目标有帮助的人

你可以去咨询医生，可以和健身教练、营养师谈谈，也可以向你周围已经实现健康目标的人取经。比起你自己孤军奋战，找到能给你提供帮助的人会大大缩短你实现目标的时间。想想吧，你周围有没有这样的人？

10. 制订行动计划

把你要实现的健康目标所需的所有步骤列一个清单，并按照时间和重要性排列顺序。看一下,你首先要做什么?然后再做什么?哪些是最重要的?哪些是不太重要的?

把每周和每月的饮食计划和健身计划写在纸上,强迫自己每天都要锻炼身体,哪怕是散步也行,并把每天、每周、每月的运动量和体重都记录下来。用这种方式鼓励自己坚持下去。最重要的是,一定要把阶段性目标写清楚。达到每个阶段性目标时,明白自己正在做什么?接下来要做什么?剩下的就靠自律了。

11. 想象:在头脑中描绘理想健康状态下的自己,你终将成为"他/她"

你生命中取得的所有进步都始于你头脑中的理想图景。想象一下吧,当你拥有完美的健康人生时,是何种令人激动的情景?

找一张时尚或健美杂志里面你认为不错的模特画报,把它贴在冰箱门上。然后把你的大头贴覆盖住模特的脸部,想象"他/她"就是你自己。这样,每次你开关冰箱时都能看到"你"。

当一天结束的时候,想象自己这一天吃了健康的食物,做了适量的运动,保持了健美的身材。晚上睡觉时,你就把想象中的图景植入了大脑,让你的潜意识在你睡觉时也能发挥作用。第二天起床时,你就会感觉自己真的拥有了健康人生。当你进餐时,你一定要问问自己:"一个饮食健康、体魄强健、自律性强的人会吃些什么?"

12. 永不放弃：坚持，直到实现健康目标的那一天

你首先要明白，改变生活方式的过程是漫长而又曲折的。你要做的就是下定决心，坚持到底，直到新的生活方式成为你的一种自然而然的习惯。

如果你已经为自己设立了健康目标，那现在就开始向着目标前进吧！从每一件小事做起。晚餐别吃太多，一份水果沙拉就足够了；口渴时，别喝碳酸饮料，只喝白开水；晚上别坐在沙发上看电视，出去散散步。从现在起，把健康生活方式的方方面面都融入到你的生活中去，并坚持下去，直到成为你的习惯。这样，你就拥有了完美的健康人生。

目标！

关注你的健康

（1）想象一下，如果你的身体处于完全健康的状态，你的外表是什么样？你感受如何？

（2）你的理想体重是多少？给达到这个体重制定一个时间表吧。

（3）你的理想健康状态是怎样的？给自己制订一个计划去实现这个目标吧。

（4）为了更健康，你需要多做些什么？

（5）为了更健康，你需要少做些什么？

（6）为了更健康，你需要去做哪些从未做过的事情？

（7）为了更健康，你需要停止做哪些事情？

第 13 章 衡量自己的进展

> 如果一个人决意前行且不慌不忙，那么就没有走不完的路；如果一个人耐心等待且时刻准备，那么就没有得不到的荣光。
>
> ——吉恩·德·拉·布吕耶尔

一个人心智的力量是不可估量的，只是平时没能充分运用罢了。通过系统地制定目标和详细地制订具体计划，你就可以事半功倍地取得成功。制定目标使你比大部分人都更多地运用了心智的力量。

你的意识是你生活的"中枢"，它负责识别、分析和处理来自你周围环境的信息，并将之与其他情况作比较，从而作出各项决定。

而你的潜意识所拥有的巨大能力，能够使你获得远远超过以往的成就。你的内在力量至少有 90% 没有"浮出水面"，也许更多。对你而言，学会运用这样的力量来动员、激励和推动自己向着目标前进，是极有意义的。

让自己锁定目标

如果具备了明确的目标、具体的行动计划、精心制定的衡量标准和毫不动摇的底线,那么你的潜意识的能量就能得到最好的发挥。你能够越多地把这些要素"输入"到你的潜意识中,你的潜意识也会"运作"得越好,在一个相对较短的时期内,你的收获就越大。

在你制定好目标并且开始为之努力的时候,有一件事是你一定要做的,那就是制定一系列的标准以衡量自己每天、甚至是每小时的进展情况。你制定的标准越清晰、越具体,你就越能够按照计划要求按时完成任务。

你的潜意识需要一套"自我动员系统",它由一系列"底线"构成,你要在触及这些底线之前完成任务。如果缺少这套自我动员系统,你就容易偷懒,把该做的事情往后推,甚至是至关重要的事情,从而导致自己的进度大大落后。

达到最佳状态的三个关键因素

在实现目标的过程中,一个人要达到最佳状态有三个关键因素:决心、把事情进行到底和收尾。

决心

当你下定决心要实现一个目标,把所有的借口都抛开的时候,也就是你把脚踩在自己潜意识的"油门"上的时候。你会更富有创造力,更加坚定,更加一心一意。什么样的人最了不起?意志坚定、无论发生什么事都不肯后退的人最了不起。

把事情进行到底

把事情进行到底是达到最佳状态的又一个关键因素。完成任务的95%和100%之间的差别可不小。事实上，很多人会历尽千辛万苦，把事情做到了90%甚至95%，而最后的一点点则一拖再拖。这是一个很容易走入的误区，你一定要小心。你要做的就是一再激励自己、鞭策自己，要避免这个自然的"往后拖"的倾向，把事情一直进行到底。

天然的"兴奋剂"

每次当你完成了一项任务，你的大脑就会释放出少量的内啡肽，这会让你自我感觉良好，觉得开心，并感到内心的平静。它会激发你的创造力，提升你的状态。它是天然的"兴奋剂"。

第13章 衡量自己的进展

你完成的任务越重要，你的大脑释放的内啡肽就越多，这很像是对胜利完成任务的一种奖励。经年累月，你对这种"兴奋剂"带来的良好感觉会上瘾，不过这是积极的。

无论你完成的是小事一桩还是大事一件，你都会觉得很开心。在你经过了必要的步骤，最终完成一项艰巨的任务时，你走过的每一步都会让你感到兴奋。

产生胜利感

每个人都希望体会成为胜利者的感觉，为此，他必须成为一个胜利者。一个人只有在100%地完成任务之后，才能体会到这样的感觉。而当他反复体会这种感觉的时候，也就养成了把事情进行到底的习惯。如果这种习惯能保持下来，那么一个人能够取得的成就是他最初无法想象的。

在心理学上，反证总是成立的。没把事情做完是一个人感到压力和焦虑的主要原因。事实上，人们经历的很多不愉快往往是因为他们没能管住自己，没能把重要的任务或是职责进行到底。

拖延的痛苦

如果你曾经有过把重要的事情一拖再拖的经历,那你就会明白这个标题的意思了。你把事情拖得越久,离最后的期限越近,你的压力就越大。这样做的结果会让你熬夜赶进度,影响你的精力。但是一旦你投入进去,把事情做完,你就会觉得十分轻松。

情况往往是这样的:你做了有意义的事情,生活会变得更加充实,上天就会回报你;反之,如果你没能做好该做好的事,没能实现该实现的目标,特别是那些重要的目标,你就会有压力,这是上天在惩罚你。

让"计分卡"保持平衡

现代管理的一个常见的手段是让"计分卡"保持平衡。具体做法是:公司鼓励每位员工找出那些能够体现成功的关键因素,然后每周甚至每天都根据这些因素给员工打分。

通过打分来提醒员工的做法会鼓励员工在与之相对应的方面作出改进。比如,如果你在开会前得知,有人会评判你在会上是否专心,那么你对这次会议的重视程度会立即提高,你会在整个开会期间集中注意力,认真而专注,因为你知道有人在盯着你呢!同样,无论何时,只要你制定好了目标,确定了准备采取的步骤,并且每天都给自己打分,那么你的行动就会积极而富有成效。

在工作中,为了实现目标,在你必须完成的每一个关键任务上,对你最有帮助的办法之一就是制定衡量的标准和底线,并且给自己打分。这样,你就激活了自己潜意识中的自我动员系统。这一系统会在不知不觉中把你动员起来，推动你向前走，让你起早贪黑地努力工作，顺利完成任务。

收尾

达到最佳状态的第三个因素，就是收尾。这是做事情有始有终和半途而废之间的差别。无论在生活还是工作中，给事情收尾是完全必要的，只有做事情有始有终，你才会觉得开心，觉得事情在自己的掌握之中。

相反，事情没有做完就半途而废，是导致压力、不满甚至失败的主要原因，它会消耗掉一个人大量的精力。

值得信赖

也许，在工作中最重要的能力就是"值得信赖"。按时完成任务，且保质保量，从而让自己名声在外，只有这样，你才能得到加薪或者晋升的机会。

无论你的目标是什么，列个清单，把那些为了实现目标而必须完成的任务都列上。给每项任务设立截止日期，然后每时每刻都付出努力，以求赶在最后期限之前完成任务。每天衡量一下自己的进展，根据情况加快或减慢自己的速度。但是记住，看不见的靶子是击不中的。你把衡量标准和截止日期定得越清楚，你的收获就会越多，实现目标也会越快。

一个没有截止日期的目标或任务只不过相当于一次讨论，它不会产生动力，就像一粒没有火药的子弹。除非你给自己要做的事定出个期限，否则你就是在"打空枪"，无论是在生活中还是在工作上，情况都一样。

有时人们会问："如果我设立了截止日期，但是到时候目标却没有实现，怎么办？"

这很简单，可以再定一个期限，如果还没完成，就再定上一个。截止日期是对任务完成时间的大概估计。定的期限越多，付出的努力越多，你对于完成任务的时间也就知道得越准确。随着每一次经验的积累，你在按时完成任务或实现目标方面会做得越来越好。

吃下一头大象

你应该听过这样的问题："怎么吃下一头大象？"

答案是："一点一点地吃。"

在实现目标方面，道理是一样的。怎样才能实现一个宏伟的目标？一次采取一个步骤，完成一项任务。

把一项长期目标拆开，分成每年的任务、每月的任务、每周的任务，甚至每天的任务。即便制定了一项极为长远的目标，你也要想办法把它分解开，以便充分利用时间，使这个长期目标显得越来越可行。

如果你希望增加收入，那么你应该知道，所有的收入都是"增值"的结果。看看自己每天都在做什么，然后问问自己，如何使自己做的事增值，这样你的工作价值就会增加了。

弄明白什么任务是最重要的

问问你的老板："如果在我做的所有工作里，有一项是最有价值的，那么它是什么？"无论老板说的是什么工作，你都要尽量地多做，而且要越做越好。

把自己的工作分解成若干个小任务，定好期限，每次完成一项，那么最后的收获会令你喜不自胜。有句老话你该知道：饭要一口一口地吃，别想一口吃成个胖子。

进步无止境

如果你希望增加自己的收入，那就要想办法在工作上每天都取得一点点进步。每天花上一小时读读跟工作有关的书，在上下班的路上听听收音机里有关的节目，抽出时间上个进修班。这些努力会让你的事业发展得更迅速。如果你每天花上一些时间来提高自己，日积月累，最后的成效将是非常惊人的。

攒小钱，聚大钱

如果你想变得有钱，那么就从自己的日常开销入手。定个目标，每天从日常开销里省下一两块钱，开个户头存起来，等攒到一定数量时，拿出来买共同基金或者其他的基金。每天攒，每周攒，每月攒，攒到一定程度就拿来买基金，直到你形成习惯，一直坚持到退休。

很快，你就会习惯日常开销比过去稍微少一点的生活了。如果收入增加了，钱也要多攒点。用不了几年，你的债务就都还清了，而且手头还有不少钱可供支配。再过几年，你在经济上就可以完全独立了。

学会当学生

如果你每天晚上少看 15 分钟电视，把这段时间拿来看书，你一年就能看完 15 本书；如果你每天花 15 分钟时间看看文学名著，那么在 7 年内你就可以看完 100 本了。这样，你就会成为你这代人里最博学、知识面最广的人了，而做到这一点只需要你在每晚睡觉前看上 15 分钟的书。

增加收入

如果你是干销售的,而且希望增加自己的收入,那么你应该详细记录自己每天、每周和每月分别打了多少电话、进行了多少演示,以及提了多少建议、卖出了多少东西。然后订个计划,增加每天的电话、演示和建议的数量。再订个计划,增加每周和每个月的销售量。此后,每天都要根据计划衡量一下自己的进展。

可以衡量,就可以管理

目标!

在你生活的每个方面认真分析自己的行为,再确定一个最重要的数字,用以衡量自己是否获得了成功,然后始终把自己的注意力完全集中在那个数字上。专注会让你做得更出色,无论是有意识的还是无意识的。

如果你希望身体更健康些,你可以把注意力集中在每周锻炼多长时间,或是每天吃的东西含多少卡路里这样的问题上;如果你希望获得令自己满意的收入,可以把注意力集中在每小时的收入或是每个月的存款上;如果你希望在销售方面做出业绩,就把注意力集中在每天的电话量或者销售量上;如果你希望在人际关系方面有所收获,你可以把注意力放在每天与那些对自己而言非常重要的人相处的时间上。

你应该听过这样的说法:可以衡量,就可以完成。还有一个说法:如果你衡量不了,也就没法管理。给自己的目标制定具体的衡量标准,给自己的进展作准确的记录,每天跟踪自己的表现,就可以确保实现你制定的目标。

衡量自己的进展

（1）制定一个简单的标准，可以用它来衡量自己在方方面面的进展，每天按照这个标准衡量一下自己的进展。

（2）确定自己工作中最重要的方面，即对收入产生最大影响的方面，然后每天考量自己在这方面的表现。

（3）给每天、每周、每月要攒的钱和用来投资的钱定个最低标准，然后监督自己把该存的钱存起来，该投资的拿去投资。

（4）把大目标分解为多个可以衡量和控制的小目标，设立截止日期，然后专心完成各个小目标。

（5）跟自己玩个游戏：为每个目标制定衡量标准，准备计分卡，设立截止日期，然后把注意力集中在相关的数字和日期上。那么完成目标就是情理之中的事了。

（6）下定决心，每天至少完成大目标里的一个小部分，而且每天都要坚持。

第 14 章
清除障碍

> 立志成功之人,应当学会把失败看成是登上胜利顶峰的有益的、必不可少的环节。
>
> ——乔伊斯·布拉泽斯

你知不知道,那些未能实现目标的人在放弃之前努力了多少次?一般来讲,一次也没有!大部分人在迈出第一步之前就已经放弃了。究其原因,无非是当他们决定做一件以前从未尝试过的事情时,发现眼前面临着种种艰难险阻。

其实,成功者经受的失败比没有成功的人要多得多。成功者在获得成功之前,一次又一次地努力、跌倒、爬起来、再努力,反反复复,最后才大获全胜。没有成功的人,尽管付出了一些辛苦(如果他们的确付出过辛苦的话),但遇到困难时就会退缩,甚至退回到他们最初的起点。

失败是成功之母

在实现目标之前,你应该准备好经历一次次的失败和挫折。你应该明白,实现目标是必然的,失败和挫折只是你在前进道路上必须交的"学费"。

正如亨利·福特所说:"一次失败就是一次机会,这样,你再努力的时候就会更有经验。"

一旦你制定了目标,就该问问自己:为什么我现在没能实现它?是什么在拖我的后腿?

认清在实现目标的道路上可能出现的种种障碍,把你认为会阻挡或减缓你前进步伐的那些"路障"都具体地写下来。

从解决问题的角度进行思考

目标!

记住:大部分时候,你都会心想事成。在对付麻烦和困难这方面,成功者具备一种特殊的思考方式,我们称之为"擅长于解决之道"。

成功者大部分时间都在思考如何解决问题,不成功的人则大部分时间都在为麻烦和困难忧心忡忡。擅长于解决之道的人总是在想办法克服或者绕开横在前进道路上的障碍,而那些纠缠在问题之中的人则整天叨咕他们的烦恼,比如自己感觉多么不好、运气多糟糕等。相反,那些善于解决问题的人则只是提出一个简单的问题,即"怎么才能够解决它",然后就采取行动来克服困难。

在通往成功的路上,你都会发现困难和障碍。这也是为什么有时候成功的定义是"善于解决问题"的原因。那些能够有所成就的人,都是具备解决问题能力的人。

解决问题是一项技能

幸运的是,解决问题是一项技能,就像骑自行车或者打字一样,是可以通过学习加以掌握的。只要你更多地把注意力集中在解决问题上，就会更快、更容易地找到解决办法。你解决问题的能力越强，问题解决起来也就越快；你的问题解决得越快、越好，你就越有能力解决更大、更具有挑战性的问题。最后，你解决的问题无论是对你自己还是他人，都具有重要的意义。这就是这个世界运转的方式。

事实上，如果你渴望实现目标的愿望足够强烈，那么你就能够解决任何问题、清除任何障碍。此时此刻，你的身上就具备了克服任何困难所需的智慧和能力。

约束理论

埃利亚胡·高德拉特[①]在他的《目标》一书中提出了"约束理论"，这是过去几十年中，人们在思维领域最重要的突破性发现之一。根据这个理论，在一个人和他要实现的目标之间存在着一种约束，或者说限制因素，这一因素决定了一个人能够多快地实现自己的目标。

比如，当你在公路上开车时，周围的交通设施把所有的车辆都集中到了一个车道上，那么这个"瓶颈"或阻塞点就成了约束因素，它将决定你要花多长时间到达目的地。你通过这个"瓶颈"的速度在很大程度上决定着你在整个行进过程中的速度。

无论你希望实现什么目标，约束因素总是存在的，而你一定要穿越它。你的任务是准确地找出约束因素，然后集中

---

① 埃利亚胡·高德拉特，以色列裔美籍物理学家，于20世纪80年代初提出了"约束理论"（TOC）。该理论在美国企业界被广泛应用，在20世纪90年代逐渐形成了完善的管理体系。——译者注

精力克服它。你应付约束因素的能力将更有助于你快速地向前进发。

内在约束与外在约束

"80/20"原则同样适用于约束理论。根据这一原则，80%的约束因素存在于人们自身，外部因素只有20%。换句话说，是你自己而不是外部因素形成了主要的"路障"，影响着你实现目标的速度。

对于大部分人来讲，这很难让人接受。但是与袒护个人的虚荣心相比，成功者更关心"什么"是对的，而不是"谁"是对的，他们更关注事情真实的一面，更关注如何采取行动、解决问题。你也应该和他们一样。

自我反省

问问自己：我身上有什么东西在拖我的后腿？深入地审视自己，在个性、脾气、技能、能力、习惯、所受的教育及过去的经历中，找出那些可能阻挡你实现目标的关键的约束因素。不要给自己留面子，要实事求是。

一个人和他要实现的目标之间的首要障碍一般是心理上和情绪上的，它们的产生在人而不在事。无论你希望实现什么目标，在通往成功的道路上都伴随着这些障碍。

阻碍成功的两个主要障碍

第一个障碍是害怕。它使大部分人在一开始的时候就止步不前，这也是为什么人们不敢尝试实现新目标的原因。对他们来讲，只要一想到新的目标，就会被害怕的心理包围，这等于是给自己泼了一盆冷水，想要努力的冲动就此消失。

第二个障碍跟害怕紧密相关，那就是怀疑。我们怀疑自己的能力，我们总是不恰当地把自己的能力与别人进行比较，然后就认为别人比自己更出色、更聪明，也更富有竞争力。我们会觉得自己还不行，面对挑战，我们认为自己能力不足，甚至会产生自卑感。

消极的情绪是可以消除的

幸运的是，害怕和怀疑这两种心理障碍都是后天产生的情绪。你见过哪个初生的娃娃情绪消极吗？人们降生到这个世界上的时候，是不会感到害怕或怀疑的。而且，通过反复练习，无论后天产生的东西是什么，都是可以消除的。

治疗害怕和怀疑的第一味"药"就是勇气和自信。你的勇气和自信越强，害怕和怀疑的情绪就越弱，这些消极情绪对你的行为及其后果产生的负面影响也越小。

自我激励和形成自信的关键

拥有勇气和自信的办法是掌握知识和技能。你之所以会感到害怕和怀疑，是因为你觉得自己的知识水平不高，掌握的东西不够多。为了实现自己的目标，你学到的东西越多，你就越不会害怕；相反，你会感到更有勇气和自信。

想想第一次学开车的经历吧。你当时可能非常紧张，犯了很多错误，你可能把车开得左摇右晃，对自己和别人来讲都很危险。但是随着时间的推移，随着你的驾驶技术的提高，你会开得越来越好，你的自信也在不断增强。

如今，你可以非常轻松地坐进车里，不管开到哪里也不用担心和害怕；你的车开得非常好，以至于你开车的时候根本不用去想应该怎么开。为了实现目标，在你需要掌握的其他技能上，这种情况也是适用的。

有力与无力

宾夕法尼亚大学的马丁·塞利格曼博士花了25年时间研究被他称为"习得性无助"这一现象。他与成千上万的人进行交谈，并对他们进行研究，最后得出这样的结论：超过80%的人都在承担"习得性无助"现象带来的后果，有的甚至深受其害。

目标！

处于"习得性无助"情况下的人们，会认为自己缺乏实现目标或是自我提高的能力。这一现象最普遍的表现之一，就是人们常说"我做不到"这样的话。无论这些人得到什么样的机会，他们下意识的反应就是说"我做不到"，然后他们就拿出各种理由来说明，为什么某个目标对他们而言无异于天方夜谭。

"我的事业不可能再进步了！""我找不到更好的工作。""我找不到时间看书。""我攒不下钱。""我减不了肥。""我自己做不了生意。""我做不了第二职业。""我没法改善我的人际关系。""我没法掌控自己的时间。"……不管做什么事情，他们总是有自我限制的理由。无论是制定目标或是在哪方面有所提高，他们都能让这种想法夭折。亨利·福特的另一句名言是："无论在什么事情上你相信自己或是不相信自己，你大概都是对的。"

消除无助现象

"习得性无助"情绪产生的原因,往往出自童年时来自家长的某些苛责、成长过程中的消极经历和成年以后受到的挫折。克服这种情况并让自己振作起来的办法,是设立小的目标,并为之制订计划,然后每天努力争取实现它。这就像锻炼肌肉一样,一个人慢慢就会培养起勇气和自信了。随着自信心的增强,他就可以制定更高的目标了。逐渐地,他的怀疑和害怕情绪会减弱,勇气和自信会增强,并成为影响他作决定的主要因素。最后,由于已经实现了一个又一个的目标,他在前进的道路上将变得不可阻挡。

"安于现状"的陷阱

一个人在通往成功的道路上还需要克服的一个心理障碍是"安于现状"的想法。很多人都会安于现状,由于对目前的工作、人际关系、薪水及所负的责任感到非常满意,所以他们不愿意看到任何变化,哪怕是能使自己变得更好的变化。

对于增强事业心和取得更大成就来讲,安于现状是主要的障碍。那些安于现状的人们,如果又处于习得性无助情绪之中,那就差不多是无可救药了。

制定富于挑战性的大目标

改变现状、摆脱习得性无助状态的办法,是制定富于挑战性的大目标,然后把目标分解成若干个具体任务,设定期限,每天为之努力。就像冬天的浮冰会在春天消融一样,由于习得性无助状态带来的萎靡不振和死气沉沉被一扫而光,你将不再安于现状，而是开始朝着自己的目标越来越快地迈进。

按照轻重缓急清除障碍

一旦你列了张清单，把所有横在你和你将要实现的目标之间的障碍都列于其上，那么就要按照轻重缓急依次解决这些障碍。什么是最大的障碍？如果你可以挥一挥魔棒，然后清除一个主要障碍，那会是哪一个？清除了它，能否在最大程度上便于你更快地前进？

管理咨询师伊恩·米特洛夫在解决问题、清除障碍方面有一系列有趣的发现。他说："无论遇到什么样的问题，在解决它之前先以不同的方式来定义它。要避免这样的狭隘思维，即认为一个问题只有一种定义、一种解决办法。"

当你提出一个跟自己的目标有关的问题，比如"为什么我迄今为止还没有实现这个目标"时，你的回答是什么？是什么拖了你的后腿？什么是你前进路上的障碍？在这一点上你要深入思考下去，在采取措施清除障碍之前，弄清楚真正的障碍是什么。

作一次销售分析

在我为公司和个人所做的工作中，一开始的目标就是让利润或者收入翻番。接下来我会建议他们自问一下："为什么现在的利润或收入还没有翻番？"通过再三地提出这个问题，最后的答案与开始时那些"似乎是明摆着的"会有很大不同。

下面有一个例子。

"我们的销售量不足。"除此之外,还会有什么问题?

"我们每个客户的购买量都不够高。"此外呢,还有别的问题吗?

"我们的广告对客户的吸引力不够强。"仅此而已吗?

正如你所见的,无论上面的哪条原因是真正的大问题,都需要有一套完全不同的措施来解决它。如果我们的销售量不够大,就要增加销售量;如果每个客户的购买量不够高,那么就要增加每个客户的购买量;如果广告的吸引力不够强,那么就要提高广告的质量。

深入下去

你可能会说:"我们的客户买的东西不够多。"还会有什么问题?

"我们的客户买东西的频率不够高。"还有呢?

"我们的推销员向客户推销得还不够多。"如果是这样,就要对销售部门作一次彻底"修补",通过提高招聘、培训和管理的水平来提高其工作质量。那么,还有别的问题吗?

"我们的客户从我们的竞争对手那里买的东西太多。"还有吗?

"我们的对手卖给我们客户的东西太多。"这样的答案可能会促使你思考这样一个问题——"在我们的潜在客户看来,购买我们竞争对手的产品有什么好处?我们怎样才能降低这种期待值?"还有什么?

"我们的销售利润太低。"除此之外呢?

"我们的销售成本太高。"还有问题吗?诸如此类,不一而足。每提出一个新问题,就需要不同的办法来解决。

对症下药

在有关商务运作的《麦肯锡之道》一书中,作者描述了管理咨询企业麦肯锡公司的经营活动,并指出对时间和金钱最大的浪费之一,就是一开始用错误的办法解决不该解决的问题。这一情况也适用于你遇到的问题和障碍。

当你找出了约束你的因素或是使你没能实现个人收入目标的原因,那么不同的问题就会有不同的解决办法,这就需要你能够以不同的方式看待问题。

生活中也一样。你对自己遇到的障碍或者瓶颈看得越清楚,你在克服困难或清除障碍时采取的行动就越恰当。

目标!

提高收入

你可以分析自己身上存在的问题,比如:"我挣的钱不够多。"还有什么?

"我付出的劳动不够多,所以身价没有那么高。"还会有什么原因?

"在工作上我还不够出色,因此没能挣得更多。"好,还有什么?

"上班时我的时间利用得不够充分。"还有呢?

"晚上我在家看电视,周末跟朋友聚会,看书看得少,也没学什么对工作有益的东西。"

啊哈!你已经找到了问题所在,那么现在你应该很清楚了,为了提高收入,怎样做才能解决该解决的问题。

把障碍看做目标

一旦你找到了令你落后的主要障碍，就把这个障碍看成一个目标。比如，你可以这样想："我的目标是不断提高我的技术和能力，从而使自己成为所在行业里挣钱最多的人之一。"

接着你就可以把准备采取的行动列出来，以增加自己的知识和技能，提高时间利用率和工作效率，从而为公司推销更多的产品。

对于每个具体步骤，你都要确定好最后期限和准备采取的措施。可以选择一个关键的步骤，立即采取行动。这样一来，你就可以把握住自己前进的脚步了，你成了自己的任务主管。为了实现给自己制定的目标，你要鞭策和督促自己去做必须要做的事，以使自己成为应该成为的人。

找出你目前的症结所在，然后制定清晰明确的目标来清除障碍。通过这样的努力，你就可以重新把握自己的生活。

第14章 清除障碍

力求准确

在对于自己的问题认识得是否准确这件事情上，如果你仍然心存疑虑，那就跟你信得过的人谈谈。别那么在乎面子，对他人的诚挚反应和批评应该敞开心扉。要接受你自身还存在着的弱点和缺点。在这件事情上，别给自己留情面。

一旦弄清了问题或障碍的所在，解决问题的办法、机会和答案会从四面八方向你涌来。你会开始吸引那些有助于你克服困难、清除障碍的人或资源——无论这些困难和障碍是源于自身还是周围环境，从而更快地向自己的目标前进。

几乎所有的问题都可以解决

记住这样一段古训:"天底下的每个问题,要么有解决的办法,要么没有。如果有办法,去找到它;如果没有,就随它去吧。"

你遇到的每个问题或障碍,都会有某种解决办法。你的任务是彻底弄清究竟是什么在限制你实现目标的进度,然后集中精力去清除这种限制。通过清除主要的障碍,你将能够在几个月中取得别人通常需要几年才能取得的进步。

清除障碍

(1)明确主要目标,然后问自己:"为什么我还没有实现这些目标?是什么在拖我的后腿?"把你能想到的所有答案都列出来。

(2)自我反省一下,要面对这样的可能性,即自己身上的害怕和怀疑情绪就是成功的最大障碍。

(3)弄清楚无论是在自己身上还是在周围环境中,究竟是什么在限制着自己实现目标的进度。

(4)从几个方面认识自己面临的主要问题或障碍,并自问:"还有别的问题吗?"

(5)把最佳的解决问题的方案看成是目标,设定期限,制订行动计划,然后围绕计划行动起来。每天都坚持不懈,直到问题被解决,障碍被清除。

第 15 章
跟值得交往的人交往

你对生活的展望及对自我和自我价值的预期,很大程度上都受到你周围环境的影响。你的整个职业生涯都会受到你每天交往的人的影响,并发生变化。

——奥里森·斯威特·马登

生活和工作中的每件事都离不开人际关系。你获得的每个成就和你没能实现的每个愿望,都或多或少地与他人有关。就成功而言,无论对于生活和工作中的哪个阶段,你正确处理人际关系的能力都非常重要,对于你能否较快地实现人生目标,它的影响非同一般。

你认识的人越多,别人对你的优点的了解也就越多,你就会越成功。在合适的时间和地点,就会有人为你开启未来之门,从而改变你的人生,令你在获取成功的征途上事半功倍。

不做孤胆英雄

制定目标的关键是要结识那些有助于你实现目标的人、集体和组织。为了实现目标,你需要很多人的帮助。他们是谁呢？

基本上，你会需要三种人的帮助。他们是：你的同行，你的亲友，你的行业或圈子之外的那些集体和组织里的人。你需要制定策略，以便有效地跟每种人打交道。

关键的工作关系

从工作说起。在工作中，对你而言谁是最重要的人？你有没有什么计划加强与他们的联系？把与你的工作有关的人列一个单子，比如你的老板、同事、同行、下属，还有你的客户、供应商和零售商。在获取商业成功方面，这些人之中谁对你的帮助最大？

我有时候问我的听众，他们之中有多少人是做客户服务的，只有几个人举手。接着我就会指出来，无论每个人的头衔或者职位是什么，实际上每个从事商务工作的人都是在做客户服务。

认清你的客户

一个人，无论是谁，只要你工作或生意上的成功有赖于他，或者他工作或生意上的成功有赖于你，那么他就是你的客户。通过这样的定义，你身边的几乎所有人在某种程度上都是你的客户。

比如，你的老板是你工作上的首要客户。你让老板满意的能力对你的前景、收入及升迁的影响要比其他能力大得多。如果你让老板满意，那么哪怕你得罪了其他所有的人，你都不用担心你的饭碗；如果公司上上下下都对你印象不错，只有老板那里不行，这就恐怕会使你的前途大打折扣。

你的客户服务策略

你可以采用的最佳策略是把你工作中要做的每件事都写下来,然后回答下面的问题:

为什么薪水簿上有我的名字?

然后把你能想到的答案都写下来。接着,把这张单子拿给老板看,让他把单子上的事情排个先后顺序。那么,什么对你的老板而言最重要?什么次重要?接下来呢?

从那之后,就必须要求自己每天做好对老板而言最重要的事。要确保无论老板什么时候看到你或跟你谈话,你都在做他认为最重要的事。这样做对你工作的好处要超过你做的所有其他决定。

升职的两项关键素质

几年前,《成功》杂志在 104 个 CEO 中间进行了一项调查,要他们在 20 项素质中选出理想员工应该具备的最重要的素质。86% 的 CEO 从中选出了这样两项素质:第一项是区别不同工作的重要程度的能力,第二项是尽快完成任务的能力。

对于一个人的职业生涯而言,最为有益的就是一个好名声,一个擅长把最重要的工作完成得又快又好的名声。

在错误的地方下大力气

这是一个陷阱。很多人都工作得非常辛苦,但是他们下力气的地方却不是老板认为最重要的地方。可惜的是,如果一个人把不重要的工作做得非常好,这可能会事倍功半并危及他的饭碗。

随着条件的变化,要跟你的老板保持沟通。要确保你所做的始终都是老板认为最重要的事,然后要学会尽快地完成它。没有什么能比尽快完成任务更让老板开心的了。一定要保证自己具备这样的能力。

其他的关键客户

你的同事在工作上要依靠你,他们也是你的客户。去问问他们每个人,看有什么事情需要你帮忙的,问问他们有什么需要自己多做一些或者少做一些、去开始做或者停止做的事情,从而能够令他们更好地完成本职工作。

目标!

事实上,你的同事们一天到晚都在想他们自己及他们的工作。无论什么时候,只要你帮助他们更快更好地完成任务,以后他们也会毫不吝惜地回报你的。耕耘与收获的关系绝不等同于收获与耕耘的关系。它们的前后顺序是不能随便颠倒的。你首先要投入,然后才会有回报;先耕耘,然后才会有收获。

在工作中,你应该寻找每个机会来帮助同事,做一些使他们开心的事。你诚心诚意付出的每次努力都会在某个时候得到回报,而且往往是在你最意想不到的时候。不管在什么地方,最受欢迎的人都是那些随时准备伸出援手的人。

你的上级、同事和下属越喜欢你和支持你,你的收入就会越高,升迁就会越快。给自己一个乐善好施的名声,得到的回报也就会越多。

寻找途径,使自己成为对同事们有益的资源,那么在你需要的时候,他们自然就会想办法帮助你、支持你。

善于成为团队一员

为了能够获得长期的事业成功,你需要具备的最重要的素质大概就是善于成为团队一员。要想成为团队一员,那你每次开会都要有备而来。坐在主持会议的人对面,以便能够正面注视他。要主动请缨,而且要把任务完成得又快又好,这样,在公司里,有事情找谁就显而易见了。

最重要的能力就是值得依靠的能力

如果大家觉得,为了完成工作,你是可以依靠的人,那么你就会在自己周围形成一种积极的引力场。其结果就是你会被委以重任,并会获得相应的权利和回报。

花些时间去结识一下你的下属及公司里职位比你低的人,跟他们聊聊,问些问题,向他们提供力所能及的帮助。对他们要特别友好和客气,要以你自己的方式来夸奖他们,肯定他们的工作成绩。这样做给你的工作带来的好处会令你喜出望外。

在建立人际关系上投资

在每个机构中,认识人最多的人往往能够出类拔萃。开始的时候,建立人际关系往往显得很花时间,但是日后它会一次次地体现出其价值。

在工作之余,你应该与业内人士和其他机构的人打打交道。最成功的管理人员和销售人员会定期在同行和其他机构间走动走动,他们会不断拓展他们工作中的人际关系及朋友关系。

看一看你的行业里的诸如俱乐部之类的机构,看看哪家机构里面的人对你的未来会有所帮助,挑出一两家,跟里面的人打打交道,在他们聚会的时候露露面,介绍介绍自己。一旦你觉得加入某家机构对自己比较有利,那么就加入进去,开始固定地参加聚会。

像老手一样建立关系网

建立关系网的最佳策略是这样的:挑选机构里的一个组织,然后主动为其工作。在选择组织的时候,里面的成员应该是你希望结识的,而且它组织的活动能够帮助你结识那些关键人物,无论是机构里面的还是外面的。

目标!

一旦你加入了组织,要主动要求做一些事情,哪怕是没有报酬的。这些工作会使你有机会与那些关键人物共事并且展现自己,而那些关键人物很可能在未来的某个时候提携你一把。

在美国,相当大的一部分入职机会靠的都是嘴和人际关系。你在行业里认识的人越多,与之共过事的人越多,为你敞开的机会之门就会越多。

作长远打算

要看到你职业生涯的远景。在你看本埠报纸的时候,把那些重要的人物记下来。把自己所在城市里最重要的 100 位人物的名字、头衔和职业都记下来。

在你把这份名单整理好之后,给他们每人写封信,附上一些与工作无关的东西,比如一本小书、一首诗、一份剪报,或是根据你从报纸上了解到的任何可能让他们感兴趣的东西。

每次当你认为有必要与某个人联系的时候，给他写张便条。有时某个高级管理人员会因为做了什么有价值的事情而见诸报端，我会给他打个电话或者写封信。我一般不会亲自拜访或是进行一些直接联系。但是我不断地"播种"，早晚会收到"投之以桃，报之以李"的效果。长此以往，我会结识社会上或是行业里的关键人物，他们会记得我曾经在一周、一个月或是一年以前给他们写过信。

我有一位最重要的客户，还记得三年前我们在一次商业会议上见面之后，我给他写过信。他问我："你是不是就是那个给我写过信，提到×××的那个人？"接下来我们就聊上了，然后是再次见面，接下来就是我在他那里工作了好多年。

付 出

有一项原则：你付出的越多且不求回报，你得到的回报就越多，而且会出乎你的意料。

你扩大人际关系网的努力不会白费的。就像种子一样，不同的关系会有不同的成熟期。有些会立竿见影，有些则要等上几个月甚至几年。你一定要有耐心。

哈佛大学的大卫·麦克利兰对社会上出类拔萃的人所拥有的素质和个性进行过研究。根据他的发现，一个人对于交往圈子的选择，在决定其成功与否的问题上要比其他因素的影响大得多。正如金克拉所说："如果你希望与鸿鹄展翅齐飞，那么就不能总与土鸡混在一起。"

跟值得交往的人交往

跟那些你喜欢、尊敬、崇拜并引以为榜样的人在一起，跟那些需要你仰视并且能够骄傲地介绍给你的朋友和熟人的人在一起。选择一个积极的、目标明确的社交圈子对你事业的帮助要比其他因素大得多。

与鸿鹄展翅齐飞

某个人的工作、业绩和收入都一般，后来改换了地方和职位，在一家很有前途的公司供职。在几个星期里，那个人的状态就完全变样了。由于跟乐观向上、注重成效的人在一起，原本各方面都一般的一个人开始超常发挥了。这就是为什么一个人一生中几乎所有重要变化都与他身边的人有关。

转折点

在一个人一生的每个转折点，总会有人站在那里，指引你去往某个方向，为你开启或关闭某扇门，通过某种途径向你伸出援助之手。拜伦·德·罗斯希尔德曾写道："别建立些无用的关系。"如果你真的想在行业中成为佼佼者，你就不能把时间花在与那些在生活中茫然无措的人打交道上面，哪怕他们对你非常好。就这方面来讲，你必须在对待自己及自己的雄心壮志上"自私"些。你必须对自己的朋友和熟人"高标准、严要求"，而且不能妥协。

许多人在职业生涯早期难免会建立一些无用的人际关系，这对于年轻且无经验的职场新人来说很正常。但是，如果不作出改变的话，就会影响你的潜力的发挥。要知道，选择与什么样的人交往对你的前途的影响比其他所有因素都要大。

你最重要的关系

每个人都需要家庭和朋友的支持。因此，你花上所有必需的时间和精力，来经营一个高质量的家庭生活是必要的。当你的家庭生活坚实而安全，充满了温馨和爱意，那么你在外面就能更好地发挥自己。

但是如果由于你在家庭生活上花的心思不够，导致后院起火，那么这很快就会给你的工作带来负面影响。家里的问题会分散你的精力，也会影响你的事业。

兼顾家庭和事业

如果在事业起步之初你要非常辛苦地工作，那么你一定得跟家里人讲清楚。在你的整个职业生涯中，你都要兼顾家庭和事业。有时，为了利用一个机会或完成一个项目，你可能会起早贪黑地工作，而且长时间不能休假。要确保提前跟家里人打好招呼，这样他们就能够充分了解情况，并理解你为什么要这样做。在忙完以后要安排时间跟家里人一起度假，补偿一下。要在工作和生活上保持平衡。

成为人际关系方面的专家

一旦你确定为了实现自己的目标，需要哪些人、哪些集体和组织的帮助和合作，那么就要下定决心成为人际关系方面的专家。无论什么时候，对待别人都要和气、友善。实践一下这条黄金准则：希望别人怎么对待你，你就怎么对待别人。

总之，最简单的策略就是，无论在生活还是在工作中，都要以对待身价百万的客户的态度来对待别人，就好像他们是世界上最重要的人一样。

每天要想尽办法减轻身上的负担，帮助别人做好他们的工作，让他们的生活更轻松。这样会让大家对你有一个良好的印象，让你今后获益匪浅。

目标！

跟值得交往的人交往

（1）列个单子，把工作中最重要的人列出来。制订个计划来通过某种方式帮助他们。

（2）再列个单子，把生活中最重要的人列出来。看一看你需要与他们保持什么样的关系，以及你该怎么做。

（3）看一看加入行业或社区里的哪些机构会对自己有帮助。今天就打电话，安排自己参加里面的聚会。

（4）列个单子，把行业和社区里最重要的人列出来，制订一个计划来逐步结识他们。

（5）抓住一切机会来拓展自己的社交圈。给重要人物写信、寄贺卡，发传真和电子邮件。在每个机会来临的时候给自己铺好路。

第 16 章
制订行动计划

把事情进行到底是所有成功人士的共性。成为天才就意味着要承受无尽的痛苦,所有伟大的成就都少不了全心的投入、无尽的痛苦及数不胜数的琐碎事务。

——阿尔伯特·哈伯德

你确定目标并制订相应行动计划的能力是成功的主要因素。在充分发挥自己的潜力、获取应该获取的一切成就上面,没有其他任何能力的作用比这种能力更大了。

如今所有大的成就都是"多项作业"。它们包含一系列的步骤,必须以一定的方式将其付诸实施,才能够获取一定的成就。即便是简单的事情,比如在厨房里烹饪一道菜,也是"多项作业"。如果你具备制订计划及完成"多项作业"的能力,那么你的成就将超过大多数人。这项能力对于成功非常关键。

制订计划的目的是为了使你得以把主要的、确定的目标变成有计划的、有具体实施步骤的"多项作业"。它有始有终,也有中间段落,而且其中每项作业的期限明确。幸运的是,这项能力能够使你成为行业内或公司里效率最高、影响力最大的人。这一能力运用得越多,你就会把工作完成得越好。

整合你的计划

在前面的章节中,你已经了解了为实现目标而制订计划的必要元素。

(1)基于你的价值观,你对于理想中的要实现的目标有了一个清楚的认识。你知道自己想要什么,以及为什么想要。

(2)你已经把自己的目标写下来了,把它们按重要程度排了先后次序,并且从中找出了主要目标。

(3)你已经制定了具体标准来衡量自己的进步,并且设立了实现每个具体步骤的截止日期。

(4)你已经认清了关键的障碍、困难和约束因素,并且根据困难程度大小给它们排了先后顺序。

(5)为了实现自己的目标,你已经知道了需要掌握的基本知识和技能。

(6)你已经把需要掌握的东西根据重要程度排了先后顺序,并且制订了计划来学习需要掌握的东西。

(7)你已经知道了在行业内外自己需要哪些人、集体和机构的帮助和合作。你已经确定了具体的步骤,来获得这些人的支持和帮助。

通过上面的各项步骤,你已经列好了单子,等于手头有了制订计划的基本素材和工具,现在你就可以准备把它们整合成一个行动计划了。

制订计划非常重要

《公司》杂志曾对 50 家新开张的公司进行过一项调查，发现其中半数以上的公司在开业前都花掉了数月甚至更长的时间来制订营业计划，剩下的公司则没有这样的计划，它们只是每天在运营过程中对发生的事情作出反应。

两三年后，研究人员对这些公司的业绩进行了一次调查，结果非常有意思。那些在开业之初就计划明确且详尽的公司，比那些没有制订计划、只是被动反应的公司业绩要好得多，利润率也高得多。

就那些草草组建的公司而言，也许当初它们的创办者太忙了，以致没有时间坐下来对于未来的运营进行详细的规划，结果只能在商海里苦苦挣扎，其中还有不少已经破产。

这里有一个非常有趣的发现：当研究人员与公司的创办者面谈时，他们问道："在公司每天的运营当中，你是否经常对照运营计划？"

结果发现，在计划制订之后，公司主管和高级管理人员往往就把它束之高阁，不再理会了，然后就是下一个年度再次制订运营计划，再把它束之高阁。

这其中最重要的发现是：制订计划对于一家公司的成功非常重要，可是制订后，计划却很少会被拿出来对照。

制订计划，得到回报

第二次世界大战期间，在诺曼底登陆成功之后，有人问及艾森豪威尔将军实施登陆的具体计划的过程。他回答道："计划本身没什么用处，但是制订计划的过程是非常关键的。"

在公司起步的时候，对运营计划的每个关键细节的磋商和斟酌是非常重要的，别的则相对次要。这就是为什么运筹学专家阿莱克·麦肯锡说："缺乏计划的行动是失败的原因。"

军事上有这样一句名言：一旦上了战场，之前所有的计划都是无用的。在商场上也是如此，从你开始进行商业活动的第一天起，形势就是瞬息万变的，情况可能会在几天内甚至几小时内发生变化。但是，这并不是说制订计划就不重要了，相比于计划本身，重要的是制订计划的过程。正如美国Sun微系统公司董事长斯科特·麦克尼利所说的："在创业起步阶段，你必须每三周就更新一次你的想法。"

所有伟大成就的基础

所有成功的人都是从书面计划开始起步的。人类的所有伟大成就，从修建金字塔到现代的大工业运作，都是根据具体计划一步步实施的。在实施之前，这些计划都经过了精心准备和反复斟酌。

事实上，花在制订计划上的每一分钟都会在实施的时候为你省下十倍的时间。你开始行动之前花在制订计划上的时间会在后来节省你的时间、金钱和精力。正如俗话说的：没有计划等于是在计划失败。

制订计划会节省时间和开支

失败的头一个原因就是行动的时候没有计划。那些声称因为太忙而没有时间提前制订计划的人，恐怕就得为不必要的错误和损失大量的时间、金钱和精力做好准备工作。

有一个说法，每个新公司的开张都是在与时间赛跑。从第一天起，公司的创立者就要想方设法保持收支平衡以站稳脚跟。如果他们找到了"赢利模式"，并且在创始资金花完前开始赢利的话，那么公司就会支撑下去直到成功。相反，如果最初的投入在他们实现赢利之前就花完了，那么这家公司就会像飞机坠毁一样一头栽到地上。

计划的好处

无论是获得个人还是商业成功，都要作前期计划，恰当的前期计划会避免出现糟糕的业绩。

作恰当的前期计划有七个好处：

第一，制订计划的过程就要迫使你去思考，为了最后的成功，关键问题一定要处理好。

第二，思考为了实现目标需要采取哪些步骤，会使得你在采取行动之前认真制订计划，这样也就为以后节省了大量的人力、物力和时间。

第三，通过讨论和斟酌，制订一个好的计划会使你看清那些可能犯的致命错误，从而避免今后出现重大损失。

第四，通过制订计划，你往往能够发现导致失败的致命弱点，并且提前考虑、采取补偿措施。

第五，制订计划使你能够看到那些潜在的机会和优势，从而利用其增加成功的可能性。如果没有前期计划，你往往不容易意识到自己具备的特别优势或是周围暗藏的机会。

第六，制订计划可以使你集中时间、金钱及可利用的资源，并将之用于决定成功的一两个关键步骤上。否则，你的精力就容易分散，最后所获甚微。

第七，制订计划可以使你避免行动的时候一头雾水，辨不清方向，从而节省大量的时间，并且避免精力和金钱上的浪费。

不能够由此及彼

在很多情况下，进行了精心的计划和分析后，决策者会意识到，在资源和人力有限的情况下，要实现某个目标是不可能的。有时商业上的大手笔往往不是在一开始就能实现的。

我前些年曾为一个富翁做过事。他说过的一句话令我终生难忘："事情往往是拿起来容易放下难。"他告诉我，进行精心策划应该是在投入资源和人力之前，而不是之后。

至关重要的自我要求

制订计划既是一项自我要求，也是一项技能；既是一种习惯，也是一种能力。这就是说，既然制订计划是一项技能，人们就能够通过反复实践而掌握它，而且比想象的要容易得多。

把每项任务和活动列出来

简单地讲，一份计划就是为了达成某个目标而要从头至尾采取的行动的清单。在开始制订计划时，拿出一张纸，把你能够想到的需要做的事情列出来。

如果你想到了什么新内容，就把它加到单子上。随着你不断获得新的信息，要不断更新单子上的内容。这样一来，这份单子就成为你的理想或目标的蓝本。

确定重要程度和先后顺序

现在,根据单子上所列事情的重要程度给它们排列一下先后次序,单子上的第一项内容应该是最重要的事情,依此类推。

然后给单子上的事情作一下时间上的排序,看一看哪些事情要先做,哪些次之。很多时候,只有在做完了某件事之后才能做另一件事,还有些时候,能否做成某件事很有可能成为整个计划的"瓶颈",决定最终的成败。

找出制约因素

有时候,能否完成整个计划往往取决于能否完成计划中的某个部分。它有可能是成立一个新的办公室、商店或工厂,也可能是在某个固定的日子按时将新产品发货或者令销售额达到一定水平,它还可能是为一项重要工作招募一个关键的人员。制订计划的过程可以帮助你了解计划中的重要元素,并且得以把时间和精力集中在这些重要的元素上面。

一开始就要做好失败的准备工作

无论是谁,他制订的第一份计划都不会是完美的。很多力求有所收获的计划在一开始往往会经历反复的失败,这是可以预见的。你接受教训并改进计划的能力对于成功是非常关键的。要不断地自问:什么管用?什么不管用?"谁是对的"并不重要,"什么是对的"才重要。

经常看看计划草图。无论什么时候,只要你的计划不灵了,就去放松一下,深呼吸,然后看看怎么改进它。

把注意力集中在解决办法上

当你遇到问题时,一定要把注意力集中在寻找解决办法上。要把困难看成是计划实施过程中的一部分,而且要积极应对。如果你没有按照计划实现进度,问问自己:问题在哪儿?有什么解决办法?现在能做什么?下一步该做什么?

当你开始努力实现一个目标的时候,你似乎很快就会遇到挫折、障碍、困难和暂时的失败。这些都是可以预见的,很正常,也很自然。若想开始某项新的事业并且希望它成功,你就要付出巨大的努力。为了实现你的目标,这都是必经的过程。

纸上谈兵

"纸上谈兵"应该是经常要做的事。要为每个进度中的每个步骤不断地列单子。要经常改进计划,使它日臻完善。

记住,制订计划是一项技能。既然是技能,它就是可以通过学习掌握的。你为了实现目标而进行思考、计划、组织和具体实施的能力,最终会令你成为行业中的佼佼者。

"纸上谈兵"的一个办法是制作一份项目计划书,以达成某一"多项作业"的目标。通过这个办法,你就把自己的目标及需要采取的步骤形象化了,这对于帮助你认识计划的长处和短处是非常有帮助的。

"项目计划"模式

在项目计划中,你要做一个表格,把时间写在第一行里。如果它是一个需要历时 12 个月的项目,你就把从本月起的

12个月都写下来，这样你就有了一个时间进度表。在表格左起的第一栏里，按照合适的顺序把需要完成的任务都列出来。那么，什么是你首先要做的？什么是其次要做的？依此类推。

在表格的右下角，写上你理想的结果是什么。你对于自己的目标认识得越明确，实现起来就越容易。

现在你就可以利用表格的横行来说明完成一项任务从头到尾需要的时间。某些任务是可以齐头并进的，另一些则需要在其他任务完成之后才能进行。某些任务是非常重要的，另一些则不那么重要。有了项目计划书，你的整个目标就明明白白地摆在你面前了。

组织自己的团队

每个要参与完成计划的人都应该参与制订计划。制订计划的时候，人们往往会错误地认为某项任务会很快、很容易地完成，而最后却吃惊地发现，看起来简单容易的事情却要花去几个月的时间才能完成。如果计划的关键部分受到时间限制，那就需要重新制订计划。

我的一位经理曾决定给我们所有的客户发一份简讯，通报一下我们公司的一项新业务。他叫来了广告策划人员，要求在周末之前拿到这份简讯。

结果他吃惊地发现，简讯需要6~8周时间来印刷和邮递，而且花费超过2 000美元。于是这项计划马上就被取消了。

当你开始制订计划的时候，最应该做好的事情就是要确定计划需要采取的步骤及相应的实施时间。这是一个既要乐观又要现实对待的过程。在制订计划的每个步骤上，你都要实事求是，不要抱任何侥幸心理。

找出潜在的瓶颈

在制订计划的过程中，往往会出现这样的情况，即只有解决了某一主要问题才能解决其他的问题，或是只有实现了某一目标才能实现其他的目标，抑或是只有解决了一个关键因素才能顺利完成其他的部分。

比如，很多公司在开业之初都制订了详尽的计划，包括如何租用办公场地、买家具、购买电脑和其他办公设备、招聘管理与业务人员、建立账户、做广告等。但是一个一流的销售团队却没有被考虑在内，在接下来的几个星期或是几个月内，由于没有收入，公司只好暂停运作了。在很大程度上，这就是导致大批互联网公司如雪崩般倒下的原因。

目标！

确定关键成效

为了达成最后的目标，在每个具体步骤上，什么是关键成效？你如何才能对这样的成效作出计划，根据重要性进行分类，并且确保能够如期达成？如果出了问题，你的计划是什么？如果达成关键成效所花费的时间和财力都超出了预定范围，你的计划是什么？你的后备计划是什么？你可能听过这样的说法：成就非凡的生活就应该像一艘大船一样，不会只依赖一只船桨。

制订计划是成功的关键

好消息是，制订计划本身会改善和理顺达成目标的过程。你越认真地作计划，你就会计划得越好；计划得越好，你就能获得越多的点子和机会，你计划的目标也就可以越快实现。

看一看自己要什么，把它写下来并定出计划，然后将其付诸实施直到获得成功。这其中的技能都是可以学习和掌握的。只要掌握了它们，你自己的生活和事业很快就会发生改观，销售额或利润也将翻番，你的目标会很快实现，你的潜力也能够得到充分的发挥。

制订行动计划

（1）为了达成目标，把你需要做的每件事都写下来，别漏下什么。

（2）把你单子上的事情按照重要性排序。什么是最重要的任务？什么是次要的？

（3）把你单子上的事情按照先后顺序排序。什么要先做？什么要后做？

（4）看一看达成目标需要投入多少时间和精力。你是否拥有实现目标所必需的时间和资源？

（5）经常改进你的计划，特别是在你获得新信息或是事情发生变化的时候。要做好时刻改进计划的准备工作。

第16章 制订行动计划

第 17 章 把握好时间

时间如流沙，从我们的指缝间滑落，一去不复返。那些善于利用时间的人，将过上充实、富足的生活。

——罗宾·夏尔马

为了实现所有的目标，获取所有可能的成就，你必须把握住自己的时间。心理学家们多数认为，"能够把握住某种东西"是感受到快乐、自信及幸福的关键。只有在通过反复实践把握时间的技巧之后，人们才能获得这样的感觉。

令人欣慰的是，把握时间是一种技能，它就像其他所有的技能一样，是可以通过学习掌握的。无论你过去生活得多么混乱，或是做事如何拖拖拉拉，抑或经常做一些没有意义的事情，你都可以改变。通过学习别人如何从混乱不堪走向井井有条、从精力分散变得专心致志，你能够成为行业里行动最有成效、最具创造力的人。通过反复实践，你能够成为同行中最为专注于成效的人。

选择与决定

如果成功是一枚硬币，那么它的正面就是明确制定目标的能力，而它的背面则是人们安排好自己的时间、分秒必争地为自己最有意义的目标而努力的能力。你所作的选择和决定勾勒出你今后生活的样子。如果要改变或改善自己的生活，那么你就要作出新的选择和决定，从而与理想中的自己和对未来的期望保持一致。

把握时间的第一步是确定自己的目标，然后把这些目标根据重要程度和意义大小排序。无论在什么时候，你都要完全清楚在当下什么是对自己最重要的。

在某一时刻，你的目标可能是工作上的、事业上的或是收入方面的。在另一个时刻，它可能是家庭或人际关系方面的，还有可能是身体健康方面的。无论是哪方面的，你都要像狙击手一样，把枪口瞄准当下最重要的目标；而不要像机枪手一样，端起枪来乱扫一气。也就是说，不要同时做太多的事情。

该做的事

曾经有一次，一个学生问哲学家彼得·奥斯本斯基："我怎么知道什么才是该做的事？"

奥斯本斯基回答道："如果你告诉我你的目标，我就能告诉你该做的事是什么。"

这个回答很重要。只有你确定了自己当下的目标是什么，你才能够知道什么是你该做的事。这样说来，你可以把自己所有的举动按照 A 和 B 分类。A 类举动就是使你奔向自己目标的那类行动，而且是行动得越快，成效越显著；B 类举动则相反，它不能够使你接近自己的目标。

聪明的作用

盖洛普公司曾经在几千人中间就"成功的根本原因是什么"进行过调查,结果接受调查的人再三提到"聪明"这个词。然而当研究人员问到"聪明"的定义时,得到的答案很有意思。"聪明"不等于高智商或是学校里的高分,而是被定义为"行动的方法"。

换句话说,如果你行动的时候讲究方法,那么你就很聪明;如果你行动的时候懵懵懂懂,那么你就不聪明。这与你的学校成绩或学位高低无关。

那么行动的时候讲究方法意味着什么呢?讲究方法的意思就是说,无论你做什么,都要与实现自己目标的努力保持一致。当你做的事情使你离自己真正想要的东西更近的时候,你就很聪明。而"不聪明"就是所作所为不能使你离目标更近,甚至使你离目标更远。

坦白地说,无论做什么,如果不是为了使自己得到想要的东西,那就是愚蠢。世界上到处都有蠢人,他们甚至对于自己的行为给自己带来的负面影响一无所知。

确定自己的长期目标

把握时间要从"明确"开始。你花点时间坐下来想想,自己在生活的各方面希望获得什么。你要明确自己在收入、家庭和健康方面的长期目标。一旦你弄清楚了,你就可以根据自己的时间及要实现的目标来规划每天的行动。

从列单子开始

把握时间的基本工具是一张单子,在上面把事情根据重要程度排列出来,并且一直放在手头。事实上,你把握的不是时间,而是你自己。这就是为什么把握时间需要自律和自我约束的原因。它要求你作出最好的选择,来提高生活与工作的质量,并且把作出的选择贯彻到底。

你应该制定长期、中期和短期目标。你应该对每个月进行计划,计划的内容就是在这一个月中打算完成的任务。对于每份"多项作业"的工作,你都应该把打算采取的步骤列出来,然后根据重要程度对这些步骤进行排序。

提前作计划

今天就开始为今后的每周和每天提前作计划。最好是在星期天就把下一周的计划作好,另外,在头一天晚上就要作第二天的计划。

当你把第二天要做的事情列出来的时候,你在潜意识里一晚上都会琢磨那张单子。当你早上醒来时,对于如何把单子上的事情做好,你就有主意和想法了。通过把计划写下来,你等于运用了"吸引力法则"。你会开始吸引有助于你的人、机会和资源,从而把事情做得尽善尽美。

把紧急的事与重要的事区分开

在把握时间的过程中,你必须把紧急的事与重要的事区别开。紧急的事是指那些眼看要火烧眉毛的事情,那是因为外界的压力和要求所致。很多人会把大部分时间用来处理那些紧急的事情，比如电话、突发事件、紧急情况，以及老板和客户的要求。

另一方面，重要的事则是指那些对于一个人的长期目标非常有益的事。这些事情可能包括制订计划、组织实施、研究客户心理，以及在着手之前弄清楚事情的主次。

紧急的事可能并不重要，比如接个电话，或者有个同事想找你聊天。但是由于这些事情都出现在工作中，就很容易与那些真正应该做的事情弄混。无论你做的事情多么紧急，只要不甚重要，那么它对你的工作或公司的意义就不大。

除了上面提到的那些事情以外，还有一些事情既不紧急也不重要，比如上班的时候看看报纸，或是吃午餐的时候多聊一会儿。可以肯定地讲，这些事情对你的事业都没什么益处，因为它们占去了你很多时间，而这些时间本该是用来做那些该做的或是对工作有帮助的事情的。

考虑一下成效

决定一项任务或行动的意义的最重要的因素就是成效。如果说某项任务有意义或很重要，那就是说完成它会很有成效。一项任务或行动的成效越大，它也就越重要。

如果完成某项任务不会有什么成效，那么它也就不甚重要。你如果要管理好自己，就应该把时间花在完成那些能收到显著成效的任务上。

运用"80/20"法则

一旦你为第二天开出了任务单，那么在你开始实施之前再看一看单子，并运用一下"80/20"法则。

根据这一法则，20%的行动会达成全部成效的80%。如果你需要做十件事，那么其中有两件事的意义将超过其他八件事的总和。

有时候这一对比可能是"90/10"。很多时候，十件事中有一件的重要性要超过其他所有的事。不幸的是，这件事一般都是被拖得最久的那件事。

尝试"主动拖延"

一旦你确定了那20%的重要事情，对于其他的事情就不妨尝试一下"主动拖延"。既然你不可能做完所有的事，那么往后拖就是不可避免的。问题是，哪些事情是要往后拖的呢？

目标！

答案很简单：那80%的不重要的事情。集中精力完成那20%的最重要的事情。

采用划分"ABCDE"的方法

决定事情重要程度的一个办法是给每件事划分"ABCDE"等级。这个办法要求你在行动之前看看单子上列的事情，然后给每件事标上A、B、C、D或E。在你开始行动之前采用这个办法，会大大提高你的效率和成就。

A表示事情非常重要。最后目标是否能够实现，这样的事情将产生主要的影响。无论什么时候，你都应该先做这类事。

B表示的是应该做的事情。对于目标的最后实现，这类事情的重要程度没有A高，比如给朋友打电话、跟同事一起吃午饭或者接收电子邮件等。不去做这类事可能会带来一些不便，但是不会产生大的影响。

C 表示不会对目标的实现有什么影响的事。喝杯咖啡、与同事聊聊、看看报纸，或者白天出去逛逛街就属于这一类事。做不做都没什么妨碍。

在这里有一条原则：如果有 A 类事情要做，那么就不要做 B 类；如果还有 B 类事情要做，就不要做 C 类。一天之中，你关注的重点始终应该是 A 类事情。

D 表示可以把相应的事情交给下属或者助手去做。原则上，能交给别人做的事就交给别人做，这样你就可以把时间更多地花在 A 类事情上。

E 表示那些"过时"的事情或是没有任何意义的事情。其实你一天或者一周里做的很多事情都可以忽略不计，因为它们都没有什么大意义。

排除法则

选择总是无处不在的。在这个每小时甚至每分钟都要进行选择的年代，选择做这个也就等于选择不做那个，人的一生就是这样走过来的。"排除法则"的意思就是，做这个就等于不做那个。

无论你开始做哪件事，同时也就意味着不去做其他可做的事情。在先做什么、后做什么、不做什么的问题上，你的选择是否明智将会影响你的一生。

选择最重要的事情

高收入的成功人士往往并不比那些低收入的、不成功的人更聪明。区别在于，成功者总是在做重要的事，不成功的人则往往把时间浪费在那些意义不大的事情上。而选择总是自由的，多做些什么事情、少做些什么事情完全取决于你。你的选择最终会决定你的命运。

专　注

专注是把握时间和自我的最有效的办法之一。这就是说，一旦你选择了一项任务，你就要努力去做，专心致志，直到把任务完成。你要保持自我克制，不要分散注意力或精力。

如果你发现自己分心了，想歇一歇，或者把事情拖一拖，你就要通过不断重复这样的话来给自己加油：收收心！收收心！收收心！这样你就又能专心致志地做事，直到把它做完了。

托马斯·爱迪生曾写道："我之所以成功，是因为我能够始终如一地执著于一件事情，绝不半途而废。"你也应该这样做。

划出整块时间

提前为每天作计划，划出 30 分钟、60 分钟或 90 分钟这样的整块时间来完成任务。只有划出了这样的"时间块"，你才能够保证自己不受打扰，或者不中断地做那些最重要的事情。无论就什么样的重要事情而言，这样的整块时间都是必不可少的。

找出大块时间的一个办法是早早起床，在一项主要的事情、工作或者任务上忙起来，不要停下，尽量少受打扰。有时你可以把下班以后的时间或者周末当作整块时间来用。所有重要的事情都需要整块的时间和全心投入，需要集中时间和精力。

厄尔·南丁格尔说过："人类的每一个伟大成就都少不了经年累月的专心投入。"

五个问题

每天，在你开始行动之前，或是在一天的工作之中，都要反复问自己五个问题，并且反复作答。

第一个问题是：为什么薪水簿上有我的名字？也就是说，人家聘用你是要你做什么？如果是你的老板问这样的问题，你该如何作答？

事实上，聘用你是为了完成能让公司赢利的任务。你必须对自己为什么会上薪水簿一清二楚，然后就要把自己的时间和精力集中在公司需要你完成的任务上。

第二个问题是：什么是对我来讲意义最为重大的事情？这些事情就是在你的职业生涯中最能够体现你的价值的事情。答案是什么？

如果你对答案不能完全肯定，去问问老板。无论回答是什么，马上让自己投入到这些事情当中去。

第三个问题是：什么是我的关键方面？正如我在前面说过的，关键方面就是你必须为满足那些最要紧的工作要求而做好的事情。它们在很大程度上决定着你在工作上的成败。

对这些事情你应该了解得清清楚楚，接下来，你不仅要在这些事情上拿出最佳表现，而且应该让自己显得技高一筹。记住，在所有的关键方面里，你最弱的一面将决定你在其他方面发挥的水平。不要让自己因为在某方面有所欠缺而被拖了后腿，特别是在你能够通过学习加强该方面能力的时候。

第四个问题是：什么事情我能做，而且只有我能做，一旦我做好了它,就会令公司的业绩有所提高?

这是一个非常好的问题。它能够令你保持自觉,不至于偏离正轨。什么事是你能做的,而且是只有你能做的,一旦做好了就能够给你的工作带来不小的起色?同样,如果你对答案不能肯定,去问问老板。有时候在你这么问之前,这个问题连你的老板可能都没有仔细想过。

你一旦在这个问题上与老板达成了一致,都认为某些事情会给工作带来不小的起色,你就应该集中精力把这些事做好,同时好好表现自己一番。与其他决定相比,这样做对你的工作益处更大。

目标!

第五个问题是:就目前来说,怎样安排时间才最有意义?所有规划目标、制订计划及把握时间的技巧和方法,都是为了在每天,甚至每分钟帮助你准确地回答这个问题。

当你要求自己反复提出和回答这个问题,并且知道无论自己做什么都是对这个问题作出回答的时候,你行动的成效就会是周围人的两到三倍了。你会越来越具有创造力,你辛苦完成的工作将具有越来越高的价值,你的收获也将大大超过周围的人。保持自觉,无论当下在忙什么,都要最高效地安排时间,如此一来,你就会成功。

注重成效

根据前面的分析,获得高创造力和高水平的关键是:在那些对最终成效影响最大的事情上专心致志,力求做到尽善尽美。同时,要学会把那些作用不大的事情交给别人去做,或者干脆放在一边,不加理会。

正如歌德所说:"不要因小失大。"也许在把握时间方面,最重要的一个词就是"不"。在时间安排上,对于那些当下意义不大的事情,该说"不"时就说"不"。

培养把握时间的习惯

值得高兴的是,把握时间既是一门艺术也是一项技能,你可以通过实践加以掌握。成功的一条原则是:培养起好习惯,靠它们来把握自己。

通过日复一日的实践,你就能够非常好地把握时间。在新的一天到来之前,把要做的事列个单子,根据事情的重要程度将其分类,运用"80/20"法则或者"ABCDE"方法把急事和重要的事区分开来。选择最重要的事情,然后立即行动起来。努力让自己在最重要的事情上集中精力,直到把它彻底完成。

每做完一件事情之后,你都能感受到难以抑制的兴奋、激动和自信,你会感到精神百倍、充满力量,你会觉得自己处在巅峰状态。这样,你就会满怀力量和信心地开始下一件事了。

无论什么时候,只要你发现自己做事情的进度开始慢了下来,就对自己重复这句话:现在就做!现在就做!现在就做!要培养紧迫感和行动意识。忙起来,不要停,要快马加鞭!选择最重要的事情,并立即投入进去,然后进行到底,直到最后完成。

把握好时间

（1）把你在近几个月或者近几年内要做的事情列个单子。分析一下这张单子，把那些最具影响力的事情挑出来。

（2）在头一天晚上把第二天要做的事情列个单子。让自己的潜意识在睡觉的时候来斟酌这张单子。

（3）运用"80/20"法则和"ABCDE"方法把单子上的事情按照重要程度分类。在动手之前，把要紧的事和不要紧的事分开，把重要的事和不重要的事分开。

（4）挑出最重要的事情，在上面画个圈，然后把它作为头等大事来做。

（5）对于最重要的事，要立即着手去做，然后强制自己集中精力把事情做好，直到最后完成。

第18章 每天温习自己的目标

> 无论我们希望获取什么，都应该把它深深地印在心里。这是心理学中的一个原则。
>
> ——奥里森·斯威特·马登

讲座时我会问我的听众："在座的有多少人想让自己的收入翻番？"正如我预料的那样，每个人都举起了手。接着我说道："哦，我有个好消息要告诉大家。可以肯定地讲，在座的每个人的收入都会翻番，只要你活得够长。"

如果你的收入增长水平在每年3%～4%之间，除去平均每年的物价上涨水平，你的收入可以在20年左右的时间里翻番。但是，那样你就要等上很长时间。

所以，问题不在于如何让收入翻番，而是什么时候翻番。

把实现目标的速度提高一倍

有很多办法可以帮助你更快地实现生活与收入方面的目标。在本章中，我打算向你介绍一种特别的办法，它能够使人从穷光蛋一跃成为大富翁，而且比其他所有的办法都有效。它简单易行，而且肯定奏效，只要你愿意尝试。

在前面的章节里,我说过,你在大部分时间里所想的,也就是你希望获得的。这是所有宗教、哲学、心理学和成功学的基础。我的一位老师约翰·波义耳曾说过:"只要你在心里不停地想,你就会得到它。"

积极思考与积极了解

如今很多人都在谈论积极思考的重要性。积极思考很重要,但是还不够。如果缺乏导向和控制,积极思考很快就会变为"积极空想"。这样一来,积极思考就不是实现非凡成就的动力和灵感了,它充其量不过是让你在事情面前保持乐观的态度。

如果要在实现目标方面专心致志,使行动富有成效,那么你就必须把积极思考变成积极了解。你必须发自内心地了解和相信自己一定会实现某个目标,你必须勇往直前、毫不犹豫。对于最后的成功,你一定要有坚定的信念,在任何困难面前都要百折不挠。

规划自己的潜意识

在自己的潜意识里抱定必胜的信念,你就能够更快地实现自己的目标。我准备向你介绍的办法可以"放大"你的天分和能力,并且大大加快你实现目标的速度。

心理学上的一个重要原则是,一个人无论接受了什么,总会表达出来。你在自己潜意识深处规划的东西早晚会在你的外部世界中表达出来。你进行自我规划的目的,就是把自己的目标深深地刻在潜意识中,把它们"锁"在那里,让它们自己发挥作用。

系统化地制定目标

多年来，我都忙于实现我的目标。我把它们写下来，只要有机会就温习它们。只是简单地这样做，就给我带来了不可思议的变化。我常常会在年初把一年的目标都列出来，等到了年底，我会检查我列的单子中的内容，并且发现大部分目标都已经实现了，包括那些之前甚至是不可想象的目标。

我就这样学到了改变了我一生的一种能力。我发现，如果把一年的目标都列出来是个好办法的话，那么更频繁地列出目标会更有效。

有些作者会建议你把目标列出来，一个月检查一次，也有人会建议一星期一次。而根据我的经验，你应该每天检查一次。

每天都把目标写出来

办法是这样的：准备一本活页笔记本。每天都打开笔记本，不要看前面的内容，把你认为最重要的 10~15 个目标列出来。每天都这样做，坚持下去，"不平凡的事情"就会发生了。

在你写下自己目标的第一天，你会不得不给这些目标加上些自己的想法。大部分人在一生中都从没有列出过自己认为最重要的 10 个目标。

在你列出自己目标的第二天，写起来会容易些，然而你的 10~15 个目标会发生变化，无论是内容还是轻重缓急。有时候，你昨天写下来的目标可能今天就不会再列出来了。

每天你都列出 10~15 个目标，你的想法就会变得越来越清楚,越来越迫切。在大约30天之后,你会发现自己每天写的都是一样的目标,顺序也是一样的。

放飞你的生活

就在这个时候,你的生活里就会发生一些不一般的事情了。它起飞了!你会感到自己像是坐在飞机里,正在跑道上滑行。你的工作和生活会大步前进,你的头脑里会充满点子和灵感,你会开始吸引有助于自己实现目标的人和资源,你会进得更快,有时候甚至快得让人觉得有点炫目。所有的事情都在向着积极的方向变化。

这些年来,我在23个国家讲演过,听众超过200万人。我把"十大目标法"介绍给了成千上万的人。我告诉他们的内容比告诉你的简单些。它是这样的:

我要求我的听众把明年他们希望实现的10个目标写出来。我告诉他们把写好的单子放上12个月,然后再把它拿出来。当他们在一年后再去看那些目标的时候,感觉就像有魔力一样,差不多每个人都实现了10个目标中的8个,而且有时候实现的是一些非凡的成就。

我在世界范围内介绍过这个办法,接受它的人说着不同的语言,来自不同的文化背景。几乎每一次,当我再次来到某个国家的某个城市时,人们会在我面前排起长队,就像参加婚礼一样,他们争相告诉我一个又一个的故事,告诉我在写下10个目标之后,他们的生活发生了怎样的变化。

采用这个办法

按照我本章所讲的这个办法,你会更快地得到更大的收获,将远远超过那些只把目标写过一次的人。通过运用我们前面讲过的制定目标的方法,并且每天都把目标写出来,你的收入就会翻番,翻两番、五番甚至十番。

为了能够最大地发挥这一办法的作用,你必须遵守一些规则。第一,你必须运用肯定句式,要句句以"我"开头。第二,你必须把目标写出来,而且加上积极的、完全个性化的注解。

启动你的潜意识

只有使用确定的言辞,才能够启动你的潜意识。因此,在你写出目标的时候,要让自己觉得这些目标好像已经实现了一样。不要写"在今后12个月里我要挣10万块钱",而是写"我每年都挣10万块钱"。

你在写下目标的时候,应该用肯定句式。不要写"我会戒烟"或者"我会减掉几斤的",而是写"我戒了烟",或者"我的体重是××斤"。

把自己的潜意识想象成一台电脑,因此你写的"指令"就一定要是肯定句式,因为电脑处理不了不确定的指令。

从现在起,写下每个目标的时候都要以"我"开头,后面跟上一个动词。在这个世界上,只有你才能把"我"与自己联系起来。当你的潜意识收到一条以"我"开头的指令时,那就像是生产车间接到调度室的任务单一样,它会立即发动起来,把你的目标变为现实。比如,不要说"我的目标是每年挣10万美元",而是"我每年挣10万美元"。写下目标的时候要这样开头:"我挣××,我体重××,我开××车,我住××的房子,我爬上××山峰",等等。

给目标定下期限

为了给每天写下的目标再增加些动力,给每个目标定个期限。比如,可以写"在某年的12月31日前,我平均每个月挣9 000美元"。

正如我在前面章节中讲过的那样,你在自己的潜意识里定下期限,会通过"自我动员系统"推动自己前进。即便你不知道如何实现某个目标,也要给自己明确地定下期限。记住,随着情况的变化,你随时都可以重新设定期限。但是记住,每个目标后面都要加上期限,就像加上个惊叹号一样。

你有多想得到它

每天写下10个目标的办法其实是一种检验手段,用它可以检验你有多希望实现自己的目标。很多时候,你写下一个目标,到了第二天就想不起它了。这说明你不是真正希望实现那个目标,或者你觉得实现它是天方夜谭。

无论如何,你越能够要求自己每天把目标写下来,你对于自己真正想要的就看得越清楚,你也就越会坚信它能够实现。

你的"意识电脑"一天工作24小时

你的潜意识就像一台功能强大的电脑,努力把你的目标变为现实,从不停机。你几乎不需要做什么,你的目标就会开始渐渐变为现实,而且有时候会大大出乎你的意料。

多年前,我在洛杉矶遇到一个商人,他的想法非常不现实。他希望筹到上亿美元的投资,在夏威夷建立一个娱乐公园，里面开设各国风味和风情的餐馆与展览馆。他坚信这个公园会是一个旅游热点，并且只要他筹到启动资金，就会得到各国的支持。我那时候还年轻，没有经验，所以只是想当然地告诉他，他的想法纯粹是空中楼阁。这样一个规模可观的项目，其复杂程度和巨大的开销对于资源有限的他来讲，简直就是天方夜谭。他当时想让我负责把这一计划进行整合，我婉拒了他提供的这一工作机会，并礼貌地离开了。

那是在20世纪60年代。关于这一项目，我接着听到的消息就是迪士尼公司把它一口气包了下来，给它冠了个"未来实验原型社区"（即EPCOT中心）的名字，并在佛罗里达州奥兰多市的迪士尼乐园附近选址开工了。该娱乐公园及其附属设施自此赚到了上亿美元，并且成为世界上最受欢迎的旅游景点之一。

启动宇宙里的所有力量

当初，初出茅庐的我并不知道，当你把目标写下来的时候，无论这个目标看起来多么不可能实现，你都会启动宇宙里的一系列力量，往往能变不可能为可能。我会在"超意识"一章里对这一规律进行详细的解释。

无论你什么时候写下了什么样的目标，你可能对于实现它的可能性保持怀疑态度。也许你心里已经有主意了，但是你还没有将全部的信念根植在心里。这很正常，也很自然。不要让这种情况阻止你每天运用前面我告诉你的办法。

只管去做

让这个办法奏效很简单，就是你准备一本活页笔记本，然后要求自己每天用肯定句式、以"我"开头写下10个目标。一星期、一个月或一年以后,你就会发现你的整个生活已经有了非常大的起色。

即使你对这个办法仍然心存疑虑,它每天也只需5分钟的时间。值得欣慰的是,20年来,还没有一个人告诉我说这个办法不灵。我每天都会接到来自世界各地的人们的信件、电话和电子邮件,向我讲述在采用了这个办法之后自己的生活发生了怎样巨大的变化。

增加你的成效

通过采用附加的一些办法,你就可能增强这一办法的效力。首先,在你把目标以肯定句式写下来并且以"我"开头之后,再用同样的句式和开头写出你立即准备采取的三项行动。

比如,你的目标可能是挣一定数目的钱。你可以写:"在今后的12个月里,我挣到了10万块钱。"你可以接着写:"第一,我每天都提前作计划;第二,我立即就开始做最重要的事情;第三,我专心致志地做最重要的事,直到做完为止。"

无论你的目标是什么,你都可以很容易地想到三项立刻可以采取的行动。当你把每个行动写下来的时候,你也就等于把它们与你的目标一起传输给了自己的潜意识。在某个时刻,你会发现自己的的确确在做计划内的事,甚至可以不假思索。你付诸实施的每项行动都会使你更快地实现目标。

使用索引卡

另外一个增加效力的办法就是把目标写在3×5英寸大小

的索引卡上。每张卡上用大号字写上一个目标，并随时带在身上。只要有时间，就把卡片拿出来，逐个温习自己的目标。

每个目标都应该以肯定句式写下来，而且要以"我"开头。有人曾经说过："我宁可不吃早饭，也不能早上起床的时候没有肯定句式。"每当你看这些卡的时候，都要花上几分钟深呼吸、放松，然后温习自己的目标，一次一个。

在给自己看这些目标的时候，你要在想象中就当这些目标已经实现了，自己正在享受目标实现后的幸福和愉悦。

或者，在你看卡的时候，思考一下准备采取哪些行动来实现目标。你应该想象自己正在采取这些行动，然后放松，再看下一个目标。

比较理想的是，你每天应该看两次卡。记着把它们带在身边，并且要拿出来看。

规划潜意识的最佳时间

一天里有两个时间最适合写下目标并在索引卡上温习，一个是早上上班之前，另一个是晚上睡觉之前。

当你在晚上写下目标或者温习目标的时候，你就等于把它们植入了潜意识里。这样在你睡觉的时候，你的潜意识就可以斟酌这些目标了。在你醒来时，你就会清楚地知道自己该做什么事，或者该找什么人了。

当你在早上写下目标或者温习目标的时候，你就等于动员了自己在接下来的一天中积极思考和做事。正如早上锻炼可以活动身体一样，早上温习目标可以让你的意识"热身"，并且让你在一天中能够最好地发挥自己。

每天早晚写下目标并温习它们的结果，就是你把目标越来越深地植入自己的潜意识。你会慢慢从积极思考变为积极了解，你会逐渐坚信自己的目标是一定能够实现的，只不过是个时间问题，而且你坚信自己是正确的。

每天温习自己的目标

（1）今天就准备一本活页笔记本，把自己希望实现的10~15个目标写下来。

（2）准备3×5英寸大小的索引卡，把自己的目标以肯定句式写在卡上，要以"我"开头，并且要随身携带。

（3）每天睡觉之前，想象一下如果目标实现了，自己的生活会是什么样的。

（4）想一想，为了实现目标，有哪三件事可以做。一定要着眼于那些你可以采取的行动。

（5）要求自己每天都把目标写下来，而且不要看以前写的东西，直到你完全相信自己的目标必然会实现为止。

第 19 章
不断描绘理想图景

> 珍惜自己的想象力,因为它是灵魂之子,是终极成就的蓝图。
> ——拿破仑·希尔

原则上,你拥有的精神力量是无限的。很多人都没有意识到这种力量的存在,更不要说运用它来实现目标了。这就是为什么他们只是平庸之辈的原因。

但一旦你开始从自己的潜意识和超意识里释放这种力量的时候,你在一两年间的收获就会超过大部分人一生的成就。你会以超乎想象的速度实现你的目标。

最强大的本领

想象力是你最强大的本领。在现实生活中,所有的进步都源于你的想象力的提高。你目前所处的位置及你成为了什么样的人,在很大程度上是出于你在心里对此所作的设想。随着你内心想法的变化,你的外部世界也会发生相应的变化。

想象会启动"吸引力法则",从而将有助于你实现目标的人、条件和资源吸引过来。

想象还会启动"对应法则",其原则是"从内到外"。随着你内心的变化，你的外部世界就会像镜子一样反映这种变化。随着你向目标奔去，你心里对目标所描绘的图景也就一步一步变为现实了。

韦恩·戴尔说："只要相信，就能看见。"吉姆·卡思卡特则说："你见到的人就是你自己。"丹尼斯·威特利也说过，你在心中描绘的图景"就是对于生活中即将到来的滚滚洪流的预见"。

阿尔伯特·爱因斯坦说："想象力比现实更重要。"拿破仑·波拿巴则说："是想象力在驾驭这个世界。"拿破仑·希尔也说道："无论一个人在心里相信什么，都会成为现实。"

想象的重要性

在各个年龄段和层次上，所有领导者的最大共性就是富于想象。这就是说，他们对于理想中的未来在实现之前就先赋予想象。正如沃尔特·迪士尼在迪士尼乐园建立之前很多年，就已经明确地设想了一个快乐、整洁并且适合家庭旅游的主题公园一样，你一生中的很多有价值的东西都来自你最初的想象。

正如事实所表明的那样，你总是以某种方式在想象着什么。每当你想起什么人或什么事，甚至是做白日梦，你都是在把事物形象化。你学会把握这种形象化的能力，并且把它聚焦在对你而言最重要的目标上，这对你来讲是非常必要的。

"看到"你希望的成功

成功者是那些能够预先把成功化为具体形象的人。在每次新的经验形成之前，成功者会把先前成功的经验形象化，以进行类比。一个成功的推销员会把过去成功的推销经验形象化，一个成功的医师也会把以前治疗病人的成功经验形象化。

相反，不成功的人同样也会运用这一手段，但效果却是负面的。他们在一件新的事情发生之前，会回想起过去失败的经验并且把它形象化。他们会想起自己上一次失败或者表现欠佳的时候，然后想象自己会再次失败。结果，尽管他们开始做新的事情，但是潜意识里已经准备好了失败，而不是成功。

用激动人心的图景来鼓励自己

你在外部世界的表现往往与你内心的自我看法一致，而自我看法则由你在事情发生前想象的图景达成。值得高兴的是，你对想象的图景具有完全的控制力，你可以选择在心里描绘积极的、激动人心的成功图景，也可以选择让心里被失败的阴影所遮盖，这个选择在于你。

几乎你一生的所有成败，都是运用想象图景正确与否的结果。你回顾过去，你会发现，几乎所有的积极设想最后都梦想成真了。你想象自己完成学业，你做到了；你想象自己有了第一辆车，你做到了；你想象自己的初恋，它如你所愿地发生了；你想象自己去旅行或是找到一份工作，你最终如愿以偿了。

把握自己的想象图景

在你的一生中，你都会不断地运用想象的力量。但是问题在于，大部分人在运用这种力量的时候都很随意，因此有

第19章 不断描绘理想图景

时候会产生负面影响。

你的目标应该是完全把握描绘想象图景的过程,并且肯定自己的心思都集中在了想要得到的收获或者希望获得的成功方面。

不可缺少的人

很多历史学家都认为,在美国立国的过程中,美国首任总统乔治·华盛顿是不可缺少的人。尽管这位伟人出身贫寒,但是他却有雄心壮志。少年时,他就决心锤炼自己,培养自己的品性,以求在未来的社会中能够担负重任。

目标!

对他的青年时代影响最大的书是一本记载了130条行为举止准则的书。华盛顿当时反复阅读该书,直到把内容牢牢记住。自那以后,在与他人交往时,华盛顿的行为举止非常得体。在他成为美国革命的领袖时,人们认为他是美国各殖民地中最有绅士风度的人。

培养自己的品格

本杰明·富兰克林是美国的开国元勋之一,美国第一个百万富翁,一位了不起的政治家、外交家和发明家。他少年时一文不名,在费城一家印刷厂当学徒。他说话直率,喜欢辩论,以致经常给自己树敌,结果他的对头们总是给他捣乱,拖他的后腿。

据富兰克林本人的自传中记载,在他年轻时的某个时候,他意识到自己的个性会不利于自己的远大前程,特别是在美国早期的那个社会里,因此他就决定培养一些良好的品格,比如真诚、谦虚、自制、自觉和诚实。他感到如果想要充分发挥自己的潜力，就必须具备这些品格。

多年来，华盛顿和富兰克林一直都在把自己的目标形象化。他们都感到自己需要某种品质，并且想象自己已经获得了这样的品质。在与他人的交往过程中，他们把想象中的自己看成一面镜子，时常与之对照，看看自己应当如何举手投足，从而使自己的举止行为与心中的理想水平保持一致。随着时间的流逝，这些想象中的自我形象就深深地印在了他们的潜意识当中，从而形成了他们自己独特的风格。

成为自己可以成为的人

意大利心理学家皮耶罗·法鲁奇在他的《明日之我》（*What We May Be*）一书中，解释了我们如何通过不断研习自己希望具备的品质，并且想象自己已经具备了该品质，从而培养自己的品性的方法。通过书本了解一下自己希望具备的品质，然后想象只要需要，自己就能实践这种品质。

亚里士多德曾写到，如果你目前缺乏某种德行，那么最好的办法就是想象自己已经具备了这种德行，并且在需要表现这种品质的时候表现出来。想想自己可以成为什么样的人，而不是也许能够成为什么样的人，慢慢地，你就会令人"刮目相看"了。

发挥最佳水平

在竞技体育领域，有一种训练方法叫作"精神演练"。每个项目中的最优秀的运动员在参赛前都要在心里进行演练。在每次出场前，他们都想象自己发挥出了最好水平。在一次大赛之前的数小时乃至数天前，他们都会想象自己一次又一次地获得了成功。

他们反复回想此前在比赛中发挥出个人最高水平的时刻，然后像放电影一样在心里回放那些场面。他们一再"看到"自己表现出众，同时感受到了高水平发挥带来的喜悦和满足感。对于在即将到来的比赛中发挥同样的水平，他们感到激动和兴奋。在比赛开始的时候，只要是有他们参赛的项目，他们在心里就已经赢了。

尽量放松，看到希望的结果

花样滑冰运动员在休息的时候会放比赛时的音乐给自己听，他们会闭上眼睛，听着音乐放松自己，然后在想象中滑冰。这样"滑冰"的好处之一就是既不会摔倒也不会犯错误。在走上冰场之前，他们会"看到"自己成功地完成每个动作。通过这样的训练，他们的潜意识就会引领着他们流畅而且优雅地完成各个动作。

一个人的身体不会产生什么意识，即便是手指或者脚趾的一个小小的动作，也是由人的中枢——大脑所控制完成的。大脑发出了神经信号，通过神经中枢到达相应的肌肉，从而协调身体的活动。当你进行想象的时候，你实际上是在磨合你的神经中枢，使它明白你想让自己做出什么样的动作。

想象的四个元素

在想象时有四个基本元素，是你可以学习和实践的。通过学习和掌握这些元素，你就可以确保将这种神奇的力量发挥到最高的水平。

有多频繁

想象的第一个元素就是频繁程度,即每周或每天你想象自己实现目标或令自己达到最佳状态的次数。你想象得越频繁,你的潜意识就接受得越快,将之变为现实的速度也就越快。

多长时间

想象的第二个元素是你每次进行想象时时间的长短。在你尽量放松之后,你想象自己发挥最高水平的时间可以达到数秒,甚至数分钟。你想象的时间越长,留给潜意识的印象就越深刻,发挥出来的潜能就越大。

有多清晰

想象的第三个元素就是"清晰度"。你在心里想象得有多清楚,和你多快能够实现目标之间有直接的关系。这个元素解释了"吸引力法则"和"对应法则"的原理。你想象的清楚程度直接决定了它转化为现实的速度。

当你给自己制定了一个新目标时,在你的想象之中,这个目标往往是模糊不清的,对于成功,你可能完全没有概念。但是你在想象之中越多地重复它,它就越清楚,直到最后变得一清二楚。就在这时候,这个目标就会一下子在现实世界中实现,而且完全如你所愿。

有多强烈

想象的第四个元素就是强烈程度,也就是你进行想象时情绪的高低。事实上,这是想象过程中最重要和最有力的元

素。如果你的情绪非常高昂，想象的图景也十分清楚，你的目标就会立即实现。

有利有弊

当然，想象也可能对你有益，也可能不利。它与大自然一样，是中性的。它像把双刃剑，既有助于你实现目标，也可能伤到你。

比如，担忧是一种消极的情绪，是一个伴随着害怕和焦虑情绪的过程，其中，一个人所思、所想的都是自己不希望发生的事情。当一个人担心的时候，就是在以负面的方式运用想象力，结果就是把那些他不希望遇到的问题"吸引"了过来。在《圣经·约伯记》第3章第25节中有这样一句话："我所恐惧的竟来到我身上。"这里就说到了负面想象的不良后果。因此，在运用想象力的时候一定要非常小心。

设计自己梦想中的居所

我与我太太结婚时，我们没什么钱。在我开始自己做生意之后，就连手头上仅有的一点钱也花掉了。尽管这样，我们仍然像其他夫妻一样，梦想有一天会搬进一个理想的居所。我们幻想着生活在一个完美的家中。最后，我们决定为了想象中的家而努力，争取拥有这样的居所。

虽然那时我们住在租来的房子里，没什么钱，但还是订了几份房地产杂志，里面有很多全国各地的好房子的介绍，比如《美家与美园》和《建筑设计文摘》。周末，我们会去城里拥有好房子的人家串门。我们穿过那些漂亮而昂贵的房子，想象自己住在这样的地方。

我们收集了很多漂亮房子的照片和有关文章，贴在一个剪报簿里，并且完全相信这样做会让我们美梦成真。最后，我们列出了一个单子，上面有42样东西是我们认为未来的家里应该具备的。

同时，我一直在努力工作，开展我的生意，提高收入，增加储蓄。一年之后，我们不再租房子了，我们从一个可爱的邻居那里买到了一所漂亮的房子。从很多方面来看，这所房子都很理想，但还不是我们梦想中的家。

一年半之后，我们又搬了家，搬到了圣地亚哥。我们在一个月之中把城里正在出售的房子看了个遍。有一天，我们去看一栋两天前才开始出售的房子，立刻发现它就是我们梦想中的居所。我们彼此看了看对方，接着看了看房子，一直没有说话。两个人的想法完全一致。

接下来，讲价花了两个月时间，交钱前后又花了五个月，不过我们还是如期搬进了梦想之地，并且一直住在那里。另外，我们单子上的42样东西，那所房子里有41样。

想象自己拥有好身材

大部分人都希望自己身体健康，身材完美。心理学家会告诉你，只有你这样想象的时候，才有可能做到。你想象自己有好身材的一个办法是，如果某人的身材是你希望拥有的，给他拍张照，把照片上的头去掉，换成自己的。把这张改头换面的照片贴在冰箱上。如果可能的话，多做几张，在家里到处都贴上。

每当你看到照片上的自己身材不错的时候，潜意识就会把它记下来。最后，你会发现自己吃得少了，运动多了。你

的外部表象会很快对你的内心图景作出反应。

找到心灵的伴侣

经常会有单身人士问我,如何找到心灵的伴侣,我通常会问他们是不是已经列了张单子,给自己理想中的伴侣画个像。他们一般都会觉得很意外,有时候还会不高兴。他们会说:"只要遇到他(她),我马上就会知道。"

但那样是不灵的。漫不经心只能让自己受伤害。如果你对于自己想要什么没有明确概念,那么你得到的一定不是你想要的。我常劝单身人士们坐下来,给自己的理想伴侣画个像,包括他们应该具备的素质和个性。我告诉那些单身人士,对于自己理想伴侣的年龄、脾气、个性、爱好、价值观、家庭背景、幽默感、志向等,都应该清楚。

目标!

我的一个好朋友曾参加过我的一次三天的讲习班。他在听到我这番话之后就立即照做了。过了十个月,他遇到一个完全符合他的要求的女士,于是他们很快就结婚了,后来又生了两个漂亮的孩子,而且一直过得很幸福。

如果你是单身,你应该尝试一下我的办法。最后可能会令你喜出望外。

想象的最佳时刻

进行想象的最佳时间是在晚上睡觉前和早上上班前。在睡觉前想象自己已经实现了目标,你的潜意识就会在更深的水平上接受它。到了白天,它就会规范你的言行,使你的所说所为都有助于目标的实现。

一早起来是另一个最佳时刻。清楚地想象一下白天要做到的事情已经做到了，会使你更有可能按照预想实现这些目标。

所有进步的开始

你生活里所有的进步都来自想象力的进步。今天就开始想象，自己希望成为什么人、做到什么事，以及实现什么目标。把报纸杂志上有助于实现目标的文章留下来，把它们贴在屋子里，经常看一看，在心里默念一番，要不断地想象。

让自己的生活成为一个积极想象的过程，不断把自己理想中的未来形象化。与其他办法相比，这个办法将更有助于你加速发挥自己的潜力。

不断描绘理想图景

（1）想象自己生活的各方面都是美满的。那会是什么样的生活？无论答案是什么，都要经常地想象它。

（2）无论自己希望拥有什么东西，成为什么人，都要找一找相关的照片，多看看，想想如何才能使之成为现实。

（3）在做重要的事情前进行一下"精神演练"，想象自己发挥出了最好的水平。

（4）不断在心里想象激动人心的图景。记住，你的想象就是对生活中即将到来的部分进行的预演。

（5）设计一下你梦想中的居所、工作或者职业。把其中各个方面应该具备的细节都写下来。每天都想象自己有一天会梦想成真。

（6）把想象看做生活中不可或缺的一部分，经常花些时间想象一些激动人心的图景，想象自己应该是什么样的，生活应该是什么样的，同时坚信这些对未来的展望终将成为现实。

目标！

第20章
开启自己的超意识

> 主观意识是完全受控于客观意识的。无论主观意识希望的是什么,客观意识都会力求完美地将之实现。
>
> ——托马斯·特罗沃德

想象一下你刚刚搬进了一所新房子里。在原来的房主离开之前,他把你叫到一边,告诉你说地下室里有一个特殊房间,里面有一台令人不可思议的电脑。无论你把什么样的目标或是问题输入这台电脑,它都会在合适的时间给出合适的答案,而且每次事实都证明答案是正确的。想象一下,拥有这样一台电脑,会给你的生活带来多大的变化。

事实上,你的确拥有这样一台电脑,无论什么时候你都可以使用它。它就是你的超意识——人类历史上所发现的最强大的东西,而你在任何时候都可以令它工作。

我有两个观点是贯穿本书的。一个是"你大部分时候在想什么,你就会成为或得到什么";另一个是"你心里反复想到的就是你会拥有的"。此外,我们还探讨了"吸引力法则""对应法则"及彻底弄清楚自己想要什么的重要性。每次说到这些内容,我都会间接地提起超意识的作用。

对超意识的研究由来已久

在整个人类的历史中，人们都在了解和探讨超意识。在大部分时间里，它都是神秘家和智者的秘密知识。在古代，了解超意识是受到限制的，一个人只有在教授神秘内容的学堂中学习多年，并充分表现出自己的诚心之后，才能接触到这方面的内容。只是在最近这一百年里，过去为少数人所垄断的对于超意识的了解才逐渐传播开来。

殊途同归

西格蒙德·弗洛伊德是心理治疗法的创始者。他根据自己多年对认知行为的研究，于1895年提出了认知的三意识：自我、本我和超我。

"自我"是指平常所说的"我"，即意识中清醒的部分，能够与外界打交道，能够进行分析、决定并采取行动的那部分意识。

弗洛伊德所说的"本我"，指的是意识中无知无觉的部分，我们称之为潜意识。它就像个大仓库，存储着记忆和感情，以及过去的想法、决定和经验。它的功能在于能够自主地"操作"我们的身体，并且使我们的想法和感情与过去的经验保持一致。

被弗洛伊德称为"超我"的部分，也就是意识的第三个部分，在拉尔夫·沃尔多·爱默生那里被叫作"超灵"，而与弗洛伊德分道扬镳的卡尔·荣格，则称之为"集体无意识"，拿破仑·希尔则把它叫作"集体智慧"。根据有关调查报告，几乎美国所有最为成功的人都在事业中不断运用它，而且把它与自己最重要的事业上的突破和成就联系在一起。

无论你怎么称呼它，它都是一种普遍存在的巨大力量，能够在任何时候被用来实现你的目标。前提条件是，这个目标一定是你强烈希望实现的目标。

所有突破性进展的源泉

历史上，在各个领域中所有重要的突破性进展都是超意识作用的结果。无论什么时候你来了灵感，能够解决某个问题或者摆脱某种困境，你都是在体验超意识。伟大的科学突破，比如脱氧核糖核酸（DNA）分子的发现，或者通过将陶瓷材料应用到电流传导中从而发现了超导现象，都肇始于超意识。

伟大的音乐家在音乐创作中都一再运用超意识。莫扎特在动笔之前能够在心里想象出一整场歌剧及现成的乐谱，然后他就将之准确无误地记录下来，无须修改就可以用于歌剧演出。在音乐史上，这是空前绝后的。

贝多芬在耳聋之后创作了最伟大的交响乐。在谱曲之前，他就能够听到这些绝美的旋律。物理学家史蒂芬·霍金因患有严重的卢伽雷氏症（肌萎缩性脊髓侧索硬化症）而重度残疾，需要靠电脑的协助来写字。尽管如此，因为运用了超意识，他成为了全球最为畅销的著作之一——《时间简史》的作者。

有史以来最伟大的发明家

托马斯·爱迪生在美国专利局一共注册了1 093项专利，并在有生之年将其几乎全部转化成了商品。到1931年他去世的时候，美国全部就业人口的六分之一都在因他的发明而应运而生的生产和销售单位工作。

爱迪生在他的整个发明生涯中都不断地运用超意识来解决貌似无法解决的问题,并且在电力、电影、声音录制与传送及其他几百个领域中取得了历史性突破。他每天白天都要小憩片刻,运用超意识为自己的发明寻求灵感。

伟大的法则

无论什么时候,当你看到一幅艺术精品、一篇文学经典、一首精美的诗歌、一项建筑杰作,或是听到一段音乐佳作,你都在见证超意识发挥的成果。

"超意识行为法则"也许是所有精神法则中最重要的一项,其内容是:无论在常规意识里持续地思考什么想法、计划、目标或者主意,最终都会为超意识所实现。

想想吧!无论你想要什么,只要是真心实意的,就完全可能得到。如果你完全清楚自己想要什么,并且能够不断地运用超意识,你最终就能够实现它。对超意识唯一的限制就是你给自己的意识和想象力设置的限制。

适当的运作条件

在你冷静、自信和放松的时候,你的超意识就能够发挥出最佳水平。当你完全放松,把所有心事都放下,安静打坐或是身处大自然中时,超意识就开始运作了。

无论什么时候,只要你回归自然,静静聆听自己内心安静而悄然的声音时,你也就听到了自己超意识的呢喃之声。

你的直觉就等于是本章开头提到的你的新家地下室中的电脑。它就是你与超意识之间联系和接触的结果。有时候,在寂静之中你会非常清楚地听到直觉的声音,声音之大足以改变你的生活。

古希腊数学家阿基米德有一次在浴缸里洗澡的时候,对于物体的浮力问题在超意识之中灵光一现,他激动得一下子从浴缸里爬出来,赤身裸体地在街上边跑边喊:"我发现它了!"当你忽然找到了某个问题的答案时,你也会有同样的感受。

启动你的超意识

目标明确而清楚,并且已经将其写了下来,非常渴望实现,经常在心里想象它,并且为之努力不懈——只有具备了这些条件,才能启动超意识。

无论什么时候,当你放松下来,想象某个你迫切渴望实现的目标时,你就会启动超意识,从而获得实现目标的灵感和动力。

有时候,来自超意识的灵感会让你兴奋得夜不能寐,也无法想别的事情。遇到这样的情况,你应该坐下来,把每个灵感详细地写下来。这样就会让你的内心得到解脱,从而睡个好觉。

运气绝佳与相互关联

超意识能够解释你在生活中遇到的两种情况:绝佳的运气与事情之间的相互关联。你越多地运用超意识,就能够越多地赶上这样的时机。

运气绝佳

运气绝佳指的是在生活中发现宝藏的机会。无论什么时候,只要你目标明确,经常将之形象化,而且每天为之努力,那么意外的好事情和好运气就会出现,能够帮助你更快地实现目标。

你可能会在某份杂志上读到某篇文章,或是听某人提起某件你闻所未闻的事情;你也可能在看电视的时候,你调到某个频道,恰好里面在讲你需要的主意和办法,有助于你解决或回答某个关键问题;你还可能遇到暂时的挫折和失败,而事实证明,那正是当时你应该碰到的。

有意思的是,如果你每次都期待发生好事情,那么好事情就会发生。期待发生好事情这种态度,似乎每次都能够促发好事情的发生。如果你冷静、自信,并且相信好运气的魔力,那么无论发生了什么,你都会遇到好运气,从而有助于自己实现目标。

相互关联

你经常会遇到的第二种情况叫作"相互关联"。它与"因果法则"这一宇宙中铁的法则在某种意义上有所不同。按照因果法则,凡事皆有其因,由结果可以追溯到原因。而在事情相互关联的情况下,它们之间唯一的联系是你根据自己的目标对其赋予的意义。

这里有个例子。你制定了一个让收入翻番的目标。然而在接下来的一周里,你意外地被炒鱿鱼了。这看起来的确是个挫折,但是在第二天,一个朋友问你愿不愿意在某个行当里试一试。由于在之前的几年里,你已经看过关于这一行当的文章,并且有过尝试一番的念头,只不过不知道如何下手,于是这时候你就决定再作一些了解,认准某家业务蒸蒸日上的公司参加面试，开始工作。结果一年之后，你发现自己的收入跟一年前相比的确翻番了，而且你也乐在其中。

你会注意到，在不同的事情之间没有直接的因果关系。表面上看，它们在时空上是没有关联的，但是却有一样共同因素，那就是它们以某种方式协助你实现了目标，即让你的收入翻番。

启动超意识的两个办法

有两个办法可以让超意识发挥作用。一个办法是集中精力，为自己的目标努力。把心思全部投入到正在努力的事情上去。每天都思考它，念叨它，把它反复写出来，而且要一再温习。在你能够想到的所有事情上面努力，以求实现目标。

当你为了实现目标不断坚定地努力，并且全心投入的时候，所有可能的好运气及相互关联的事情就都会出现了。在你意想不到的地方会有人帮你一把。你会接到有助于你的电话，得到有益的机会；你会获得过去没有注意到的想法和信息；你会想到更好的办法，让目标更快地实现。

另一个办法是彻底放松，转移自己的注意力。比如，当你休假的时候，你会完全放松自己，以致完全忘记了自己的目标和问题。似乎你在身体和心理上越放松，你的超意识就会越快地发动起来，开始源源不断地向你供给主意和想法。换句话说，你越不执著，你的超意识就会越快地运作起来。

在实现每个目标时，你都应该两种方法兼用。你先要一门心思地为实现目标而努力。把自己的精力百分之百地用于解决问题。但如果你仍然没有实现自己希望实现的突破，那么就要转移注意力。给自己放个假，去做做体育运动，或是

第20章 开启自己的超意识

看场电影。彻底地让自己放松一下，不去想那些事情。然后，在最合适的时候，你的超意识就会起作用，答案也就有了。

就是这个答案

你的超意识会在最合适的时候给你提供最合适的答案。因此，当你得到来自超意识的灵感时，应该马上行动，不要拖延。这往往是时效性很强的答案。如果你感到内在的需要，比如采取某个行动或者打个电话，马上就去做。如果你想到了什么事情，别犹豫，立即着手。在灵感突现的时候立即行动，似乎会推动超意识提供更多有益的想法和灵感。

三种特殊性质

一个来自超意识的想法或灵感有三种特殊性质：

首先，它会回答各个方面的问题或是提供你实现目标需要的所有答案。它是一个一揽子方案。

其次，它是显而易见的，让你感觉自然、易于操作，而且与实际情况非常契合。

最后，来自超意识的办法会让你感到无比愉快和激动，甚至喜出望外。它是一个闪光的时刻，会长久地留在你的记忆里。

无论何时你获得了来自超意识的办法，你都会感觉到它伴随着力量、热情和冲动，这正是你立即采取行动所需要的。你会感到一股不可抗拒的冲动，促使你放下手头的一切活计把该办法付诸实施，而且这样做往往是对的。

信任是关键的要求

超意识是你拥有的最强大的能力。你随时都可以运用它。只要你完全清楚自己想要什么,并且冷静地坚信你所需要的答案会在合适的时候出现,那么你就能够"接通"你的超意识。

你越放松、越信任这种力量,它起的作用就会越快、越大。有句话是这样说的:"当人开始聆听自己内心的声音时,他就变得伟大起来。"当你听从自己的直觉,信任来自内心的声音时,你大概就不会再犯错误了。通过运用自己的超意识,你会开始借助这股伟大的、普遍存在的力量来使自己的一生达到和谐完美。你会实现一个又一个的目标,对某件事情会完成得越来越快。你会感到自己似乎接通了某种宇宙能量源,使自己能够做到事半功倍。

回想自己的生活经历,回忆那些超意识发挥作用的时刻。在过去,这样的时候也许只是偶然的,但是在完全弄清自己的目标,并且经常地想象它们以后,你就能够使超意识的力量持久地、可预见地为自己工作了。

开启自己的超意识

(1)回想自己的过去,回忆那些超意识发挥作用、解决了问题或者帮助你实现了目标的时刻。回想一下当时的过程,看看自己能不能再现这样的过程。

(2)挑选自己最重要的、最主要的目标,然后清楚地想象它,坚信在合适的时候它就会实现。

（3）每天练习在静处中冥想。在这个时候，让自己的意识放松，在不同的想法之间飘来飘去，直到合适的答案出现在脑海里。

（4）在来自超意识的灵感出现在脑海中时，立即采取行动。养成这样的习惯，不要犹豫。要完全相信，当自己信任这股力量的时候，会发生的就只有好事情。

（5）在解决问题的时候集中精力。如果这样还不行，就转移注意力。在合适的时候，理想的办法就会通过直觉闪现出来。

（6）超意识起作用的程度与你对它的信任程度是成正比的。经常尝试把心里的事情放下，耐心等待，直到在合适的时候出现合适的答案为止。

目标！

第 21 章
坚持，直到胜利

对于勤奋且善于动脑的人来说，没有什么事情是不可能的。成就伟业的关键不在于实力大小，而在于能否坚持到底。

——塞缪尔·约翰逊

你的每一次成功都是个人毅力的胜利。就成功而言，确定自己想要什么，然后开始追求并克服一切障碍和困难，直到最终实现目标，具备这样的素质才是关键。此外，在追求成功的过程中，与毅力相辅相成的是勇气。

或许你在一生中要面对的最大挑战就是克服恐惧感，让自己勇往直前。对此，温斯顿·丘吉尔曾写道："勇气被恰如其分地看成是所有品德的源泉，因为所有其他的美德都要以之为依托。"

克服恐惧感

恐惧始终都是人类最大的敌人。当罗斯福总统说出他那句"我们唯一恐惧的，正是恐惧本身"的名言时，他的意思是说，是恐惧这种情绪，而不是产生恐惧情绪的事物使我们紧张和不悦，并且感到有压力。

当你具备了勇气和不可动摇的自信时,一个崭新的世界就会为你敞开。如果你什么都不怕,那么你的梦想会是什么?你会希望自己成为什么样的人,做出什么样的事?

你将学会需要学习的任何东西

幸运的是,正如成功的其他要素一样,"勇敢"这种品质也是可以在后天培养起来的。为了实现这个目标,你就需要通过努力来克服恐惧感,同时培养自己的勇气和信心,使自己能够勇敢地面对生活中不可避免的起起落落。

专栏作家安·兰德斯写道:"如果让我给人类一句我认为最有用的忠告,那么它会是——把困难看做生活中必不可少的部分,在它出现的时候,高昂起头,坚定地面对它,绝不向它屈服!"正是因为有了这样的态度,人们才能取得胜利。

恐惧的原因与解决办法

克服恐惧感、培养勇气的出发点,先要看一看那些使我们容易感到害怕的因素。

正如我们所知道的那样,恐惧的根源在于童年的经历,往往是父母一方或者双方对我们进行的不适当的指责。它会导致我们产生两种恐惧感。首先,我们会害怕失败,其结果就是导致我们一再对自己说:我做不到!做不到!做不到!其次,我们会害怕遭到排斥,因此就会一再地想:我不得不!不得不!不得不!

由于产生了这些恐惧感,我们在做事情之前就会害怕,害怕自己损失金钱、时间或已经投入的感情。我们对于别人的看法及可能提出来的批评极为敏感，有时会达到这样的极端，即因为害怕别人反对而什么都不敢做。我们的恐惧感使我们在做事时畏畏缩缩，难以为了实现目标和梦想而采取富于建设性的行动。我们在做事时瞻前顾后、犹豫不决、拖拖拉拉，而且想尽办法为自己的拖沓找理由。最后，我们沮丧万分，陷入"我不得不，但是我做不到"与"我做不到，但是我不得不"的怪圈当中。

恐惧与无知是孪生兄弟

恐惧可能来自无知。当我们了解的情况有限时，我们可能会对自己行动的结果感到紧张，甚至缺少安全感。无知会导致我们害怕变化，害怕未知的事物，不敢尝试任何新的或者不同于以往的东西。

但是反过来看，事情就不同了。在某方面了解更多的知识和经验会增加我们的勇气和信心。在生活中，有些事情是你根本不怕的，因为你已经掌握了它们，比如开车、滑雪、推销或者管理。因为你所具备的知识和经验使你感到自己完全有能力处理任何情况。你不害怕。

疲劳使我们成了胆小鬼

导致恐惧感产生的另一个原因就是疲劳或身体不适。当我们感到累了，或是身体不舒服的时候，我们就容易感到害怕。

有时候，只要睡个好觉，或是休个长假，让自己好好充电，你对于自己和自身潜力的态度就会完全改变。休息和放松对于培养勇气和信心的重要性丝毫不亚于其他因素。

每个人都会害怕

有一点很重要:每个人,只要不是傻子,就都有害怕的时候。担心自己的身体、心理健康和财务状况是很正常的,也很自然。勇敢不等于什么都不怕。就像马克·吐温所说的,"勇敢是反抗恐惧、控制恐惧,而不是没有恐惧"。

问题不在于你是不是害怕,而是在于:你怎样面对恐惧?勇敢的人其实就是那些面对恐惧却仍然勇往直前的人。此外,我还领会到:当你与恐惧正面相对、一往无前地冲向你所害怕的事情时,你的恐惧感就会消失,取而代之的是自尊和自信。

然而,如果你试图躲避恐惧,那么恐惧感就会不断加强,直到控制你生活的各个方面。随着恐惧感的加强,自尊与自信就会随之减弱。正如演员格伦·福特曾说过的,"如果你不去做你害怕的事情,你就会被恐惧感控制"。

分析自己的恐惧感

一旦你了解了产生恐惧的原因,下一步就是坐下来,花点时间来客观地判断和分析自己的恐惧感。

拿出一张白纸,在最上面写下这样的问题:我为什么害怕?把所有的原因都写下来,无论大小,只要是令你感到紧张的事情就写下来。从最普遍的产生恐惧感的原因开始分析:害怕失败或损失,以及害怕遭到排斥或批评。

有些人因为害怕失败,把大量的精力都花在了掩盖自己的错误上。他们无法接受自己犯了错误这样一个事实。还有些人因为害怕遭到别人的排斥,对于自己在别人面前的形象非常在意，以致完全失去了独立行动的能力。在完全肯定别人会认同自己之前，他们什么都不敢做。

把恐惧感分个轻重

在你把所有影响了自己的想法和行为的恐惧感都写下来之后，把它们按照轻重程度排列一下。你认为哪种恐惧感对于你的想法产生的影响最大，或是在更大程度上令你裹足不前？第二位、第三位呢？依此类推。

对于最大的恐惧感，把下面的问题写下来：

（1）这种恐惧感是怎么在生活中阻碍我的？

（2）这种恐惧感对我有过帮助吗？

（3）如果驱除了这种恐惧感，我的收获是什么？

几年前，我作了这项测试，结果发现我最害怕的是贫穷。我害怕没钱、破产和穷困潦倒。我知道这种恐惧感来自我的童年，因为我的父母是在大萧条的年代里长大的，所以他们终日都在为钱担心。由于在20~30岁之间我的生活一直比较艰难，因此这种恐惧感被加强了。我能够客观地分析我产生恐惧感的原因，但它仍然还是很强烈。甚至在我挣足了钱之后，这种感觉仍然挥之不去。

对于测试中的第一个问题，我的回答是：恐惧感使我在拿钱冒风险的时候感到紧张，使我在就业的问题上走保守路线，使我在躲避风险与寻找机会之间总是选择前者。

对于第二个问题，我的答案是：为了从对贫穷的恐惧中逃离出来，我养成了习惯，工作时间总是比别人长，工作起来也总是更加努力。我的雄心更大，意志也更坚定。我花了比别人多得多的时间来学习挣钱与投资的各种方法。事实上，正是对于贫穷的恐惧驱使我寻求经济独立。

在回答第三个问题的时候，我立刻想到，我会更加愿意冒风险，在追求收入方面的目标上会更加起劲，我会开始自己的生意，而且对于付出与所得的回报就不会那么担心了。特别是，我会不再如此注意价格了，无论是什么东西的价格。

通过以这种方式客观地分析我最大的恐惧感，我就能够开始驱除它了。这一点你也能够做到。

以行动培养习惯

通过采取行动来增强自己的勇气和自信，你就能够开始驱除恐惧感了。任何事情，只要你一再尝试，最后就会习惯成自然。在任何需要勇气的时候，只要拿出勇气来，你就会慢慢变得勇敢了。

为了使勇敢成为习惯，有一些做法你是可以经常尝试的，最重要的就是有勇气开始，下定决心迈出第一步。这是尝试新事物的勇气，是在成功没有保证的前提下从安于现状的状态中走出来。

我前面曾经提到过，巴博逊学院的罗伯特·龙施塔特博士多年来一直在教授企业管理的课程。他对自己的学生进行了一次调查，发现只有10%的人在毕业后确实开创了自己的生意，并且获得了成功。他发现，这10%的毕业生有一个共性，就是他们没有夸夸其谈，而是实实在在地做起了事情。

开始的勇气

我们前面提到过，龙施塔特博士发现了"走廊原则"。

在人们追求目标的时候,就好像走过一道走廊,如果他们没有向前看,就看不到敞开的机会之门。

龙施塔特博士发现,那些一事无成的毕业生始终抱有这样的念头,即在万事俱备后再开始事业之旅。在得到成功的保证之前,他们不愿意让自己奔走在前景不明朗的路途上,而这种保证是永远不可能拿到的。

未来属于敢于承担风险的人

未来属于敢于承担风险的人,而不是躲避风险的人。你越躲避风险,你面临的风险就越大。从这个意义上说,生活就像惊涛骇浪中的一条小船。你越是主动寻求机会,你就越有可能避开风险。

无论什么时候,只要你感到害怕或紧张,就把注意力转到你要实现的目标上来。对于自己要成为什么样的人、把事情做到什么程度,你心里要一清二楚。鼓起勇气来克服恐惧感,那么感到恐惧就不是什么了不起的事情。你站在哪一边,哪一边就会有进展,因此一定要小心。

为了让生活过得成功、幸福,鼓起勇气克服恐惧感是必要的前提。只要下定决心培养勇气,你就不再会对于自己拿主意这样的事感到害怕了。你会制定大的、具有挑战性的、激动人心的目标,而且对于实现它们非常自信。你会冷静而自信地应对各种情况。

行动就是一切

如果你能够跟那些最成功的人士坐在一起,向他们学习他们毕生所积累的成功的经验教训和秘诀,你大概会觉得非常有帮助。而事实是，除非你根据学到的东西采取行动，否则别人的东西对你一点帮助都没有。

如果通过学习成功经验，你就能够有所成就，那么成功未免也太容易了。大大小小的书店里到处都是各种励志类的书，上面连篇累牍的都是各种教你如何成功的方法。而事实是，只有你把自己动员起来，向着自己的目标坚韧不拔地前进，直到获得最后的成功，那些成功经验才能起作用。

读励志的书，了解上面的方法，可能会使你正确选择在哪些事情上要多努力些，哪些事情上少花些时间。你在生活的不同方面给自己制定了不同的目标，而且你也下定决心要实现这些目标。那么，眼下最重要的问题是：你会把决心要做的事付诸实施吗？

目标！

自觉是核心素质

成功的最重要的一项素质就是自觉。自觉的意思就是说，在该付出辛苦的时候付出，无论自己愿意与否。

对于前途而言，你学到了什么不重要，重要的是你能否自觉自愿地、一次又一次地付出代价，直到最终实现目标。

为了制定和实现目标，你需要有自觉性；在了解到新情况之后不断更新计划，你需要有自觉性；合理安排时间，并且把精力集中在目前最重要的任务上，你需要有自觉性；为了能够获得成功，你要不断地锤炼自己，提高个人素质和专业水平，学习需要掌握的知识和技能，你也需要有自觉性。

坚韧不拔是自觉性的表现

也许衡量自觉性最重要的指标，就是你在艰苦条件下所表现出来的韧性。坚韧不拔就是自觉性的表现，它是衡量个人品质的真正标准。事实上，韧性大小说明了你是否真的相信自己，相信自己具有获得成功的能力。

每当你身处逆境却依然不懈努力时，你就是在培养自己坚韧不拔的品质。通过这样做，你为自己树立起了自信和自尊，加强了自己的品质和个性；你变得更为强大和坚决；你提高了自己的自觉性，增强了内在的力量。为了获得成功，你培养起了坚强的个性，从而使自己能够勇往直前，不断跨越各种各样的障碍。

历史上成功者的共性

在人类历史上，成功者坚韧不拔的故事比比皆是。每个伟人在成就伟业之前，都曾历经苦难和磨炼。是不懈的努力和百折不挠的精神成就了他们的伟大。

很多人都认为温斯顿·丘吉尔是 20 世纪最伟大的政治家。在一生当中，他始终凭借勇敢和坚毅的精神而名满天下，备受尊敬。在第二次世界大战最黑暗的日子里，很多英国人都悲观地认为战败是不可避免的，而丘吉尔却凭借自己坚强的意志和顽强的精神，激励着全国民众的士气，使得英伦三岛尽管受到德国纳粹空军的狂轰滥炸，却如钢铁一般屹立不倒。肯尼迪总统在他的演讲中曾经说："丘吉尔在英语词汇中灌注了钢铁意志，然后把它送上前线。"

作为坚毅精神的杰出代表，丘吉尔在 1940 年 6 月 4 日向全国发表了他最著名的演讲。这场演讲的结尾是这样的："我们不会投降，更不会失败……我们将在法国作战，我们将在大海上作战，我们将以更大的勇气和力量在天空中作战。

无论付出什么代价,我们都将保卫我们的祖国,我们将在海滩上作战,我们将在敌人登陆的地点作战,我们将在田野和城市街道上作战,我们将在山头作战。我们永远不会投降!"

晚年的时候,丘吉尔曾经接受邀请,在他当年就读过的中学里为一个班的学生发表演讲,并且要让在场的年轻人知晓他的成功秘诀。他站在众人面前,拄着拐杖,微微颤抖着,用洪亮的声音说:"我可以把我一生的经验教训总结为一句话——不要放弃,永远、永远不要放弃!"

成功的保证

丘吉尔所总结的,也正是你在追求目标的过程中将体会到的——坚韧不拔才是保证成功的唯一要素。

卡尔文·柯立芝是美国第30任总统,因为不善于在公众面前讲话,他被人称为"沉默的卡尔"。但是因为他曾写下这样的话,所以他能够青史留名。他写道:"奋勇向前!世界上没有什么能代替坚毅的品格。天分代替不了,没能成功的人中,不乏天资优秀的人。天才代替不了,'是天才却无所作为'几乎已经是一句谚语了。单单受过教育也不行,世界上受过教育却穷困潦倒的例子并不鲜见。坚毅的品格与坚定的意志就足以成事了!"

坚韧是成功者的品格

成功的商人与企业家都具备坚韧的品格和坚定的意志。

1895年,美国处在可怕的萧条之中。一个家住中西部的人因为这次萧条失去了自己经营的旅馆,这时他决定写一本书来激励和鼓舞大家,要在国家处于困境时不懈努力、坚持到底。

他的名字是奥里森·斯威特·马登。他在一家小旅店的楼上找了间房，在里面花了一年的时间，废寝忘食地写了一本书，书名是《伟大的励志书》。一天晚上，时间已经不早了，他写完了最后一页，感觉又饿又累，于是下楼出了旅店，到一家咖啡馆吃了点夜宵。他出去了有一小时的工夫，结果旅店着了火。回去以后，他发现自己八百多页的手稿全部在大火中化为灰烬。

尽管遇到了天灾，他还是坐了下来，凭借顽强的意志，花了一年时间把书又写了一遍。在书写好之后，他联系了好几个出版商，然而当时国家还处于萧条之中，失业率居高不下，没人对一本励志的书感兴趣。后来他搬到了芝加哥，找了份工作。一天，他跟一位朋友说起这本书，恰好这位朋友认识一个出版商，于是书很快出版了，并且立刻成为了畅销书。

《伟大的励志书》被美国最优秀的商人和政治家誉为"把美国带入20世纪的书"。它对美国那些举足轻重的人物都产生过巨大影响，因而在自我成才方面成为了一本经典之作。包括亨利·福特、托马斯·爱迪生、哈维·费尔斯通及J.P.摩根在内的很多人都读过这本书，并且从中受到了很大启发。

两项必备的素质

奥里森·斯威特·马登在书中讲道："成功者有两项必备的素质。一个是'认定目标'，另一个是'坚持到底'。"他写道："如果一个人认识到了自己的力量，且从不知失败为何物，他怎么会失败？如果意志坚定、努力不懈，就不会有失败。如果每次跌倒了都会像皮球一样弹起来，当其他所有人都放弃的时候还在坚持，在别人都调头回去的时候仍然向前行进，这样的人就不会失败。"

古代有位思想家曾说过："我们最大的光荣不是不摔跟头，而是每次摔倒后能再爬起来。"

詹姆斯·科贝特是最早的世界重量级拳击冠军之一。他说过："你之所以能得冠军，是因为你坚持多打了一个回合。在遇到强有力的对手时，你就要坚持再多打一个回合。"尤吉·贝拉对此说道："直到最后一刻才算结束！"而事实上，只要你坚持下去，就不会结束。

目标！

阿尔伯特·哈伯德写道："只要不断努力，就不会有失败。除了你自己，谁也无法打败你。没有什么不可跨越的障碍能够妨碍我们追求目标的天性。"

文斯·伦巴第说过："问题不在于你是否跌倒了，而是在于你是否爬起来了。"

所有这些成功者都明白，对于实现目标而言，坚持不懈起着多么关键的作用。成功者因为具备了坚韧不拔的品格，无论在什么样的艰难困苦中都绝不退缩，才使自己的成就熠熠生辉。坚定的意志和坚毅的品格能够使你在最困难的处境下仍然保持前进的步伐，而不是踌躇不前，或是调头去做别的。

坚韧不拔是最大的资产

你的最大资产就是坚持的时间比别人长一点点的能力。福布斯是《福布斯》杂志的创始人，他在大萧条最黑暗的岁月里把该杂志办成了一份重要刊物。他写道:"历史经验表明,最伟大的胜利者在胜利之前,往往会遭遇常人难以想象的艰难险阻。他们之所以成功,是因为他们拒绝因为失败而垂头丧气。"

约翰·洛克菲勒一度是世界上白手起家的最富有的人。他写道:"就成功而言,我认为没有什么品质比坚韧不拔更必不可少。它能够征服任何困难,哪怕对手是大自然。"

康拉德·希尔顿在事业之初,只经营着加州的一家小旅店,但是他满怀梦想,终于建立了世界上最为成功的酒店集团之一。他说过:"成功似乎与行动密切相关。成功的人总是在行动。他们会犯错误,但是不会退缩。"

在人类的发明史上,最为成功的发明都曾出自托马斯·爱迪生之手。相比之下,他经历的失败比20世纪任何其他发明家都要多,然而他获得的专利数量也要远远超过同时代的人。他用这样一段话来阐述他的人生哲学:"当我完全认定一个目标值得追求的时候,我就为之努力,一再尝试,直到最后成功为止。事情往往是人们首先有了想法,然后付出了努力,却在目标看来无法实现的时候知难而退。然而这不是退缩的时候。"

亚历山大·格雷厄姆·贝尔曾这样赞美过坚韧不拔的精神:"我无法描述这是一种什么样的力量。我只是知道它的存在,而且只有在一个人清楚地知道自己想要得到什么,并且下定决心不达目的决不罢休的时候,这种力量才可利用。"

雷恩·麦克弗森创立达纳集团的经历已经成为了美国的传奇故事。他对自己的人生哲学进行了这样的总结:"你要不断推进、不断推进。我犯了所有该犯的错误,但我还是在不断推进。"

基本矛盾

如果一个人很聪明,那么他就会尽力避免遭遇困境或失望,这样做是明智而合理的。所有的聪明人都力图在追求目标的过程中遇到最小的阻力,他们常常想方设法来减少遇到困难和障碍的可能性。

然而,即便是我们付出了最大努力,失望和困境仍然是正常的、自然的、不可避免的。本杰明·富兰克林说过,生活中必不可少的两件事,一个是死亡,另一个是缴税。但是所有的经验都表明,失望也是生活中不可避免的事。无论你把自己的努力安排得多么合理,你仍然会遭遇数不胜数的失望、挫折、障碍和困境。你制定的目标越高、越具挑战性,你经历的失望和困境也会越多。

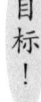

这就是基本矛盾。只有在面对困境并且从中汲取经验教训的时候,我们才能够充分发挥自身的潜力。而生活中所有重要的经验教训都来自我们面对挫折和失败时的经历,尽管我们已经想方设法来避免它。因此,无论我们怎样努力,困境都是不可避免的。如果没有它,我们就不能成为攀登高峰、夺取成功的勇士。

困境是人生的试金石

在整个人类历史上,伟大的思想家们都思考过这个矛盾,并且得出了结论,即:在获得成功的征途上,困境是块试金石。希罗多德是古希腊伟大的哲学家,他说过:"困境具有激发斗志的作用。它会使人全力以赴，不知退缩。"①

当你面对人生中最大的挑战，并且积极与之抗衡的时候，力量、勇气和坚韧不拔的精神才会在你身上体现出来。

每个人向前迈出的每一步都会遇到困难。成就斐然的人与无所作为的人之间的区别在于，前者能够利用困境来激励自己，而后者则丧失斗志，听任困境和坎坷将自己击垮。

从失望中奋起

哈佛大学的亚伯拉罕·塞尔茨尼克的研究表明，你对于失败作出的反应一般能够准确地表明你是否能够获得成功。如果你能够从中吸取教训，把它撇在身后并且继续奋斗，那么你就非常有可能获得巨大成功。

跨越失败一步，就是成功

还有一个发现是非同凡响的——在你感到无法再坚持下去的时候，多迈出一步，成功就会不期而至。回顾整个历史，人们惊讶地发现，了不起的突破性成就往往来自面对所有的艰难险阻时的坚持。这种被称做"对毅力的考验"的最后坚持，似乎总是与成功相伴的。

罗斯·佩罗是美国历史上最为成功的企业家之一。他以1000美元创办了电子资讯系统公司并使它拥有了近30亿美元的资产。他这样说道："大部分人都是在即将获得成功的时刻偃旗息鼓的。他们离最后的成功只有一码的距离。他们

---

① 希罗多德（公元前484～前425）是古希腊著名历史学家，《历史》一书的作者，从古罗马时代起被欧洲史学界尊称为"历史之父"。——译者注

在比赛的最后一分钟，离最后触地得分只有一足之距的时候放弃了努力。"

希罗多德也说过："有些人在就要实现目标的时刻放弃了努力，而另一些人则因为在最后时刻进行了更为有力的冲刺而获得了胜利。"

你会在数不胜数的伟人身上发现坚韧不拔这一品质。佛罗伦萨·斯柯沃·希恩写道："每一件伟大的作品和每一个非凡的成就都是因为对理想的不懈追求而产生的，而且在最终成功之前出现的往往是失败和沮丧。"拿破仑·希尔在他的经典著作《思考致富》一书中写道："任何人在获得成功之前，都必然会接受暂时失败的考验。当一个人为失败所击垮的时候，偃旗息鼓似乎是最容易、最符合逻辑的做法，而这正是大部分人面对失败时的做法。"

《汤姆叔叔的小屋》的作者斯陀夫人这样写道："永远不要轻言放弃，因为就在此刻，潮流将逆转。"

当你面对困境仍然努力不懈的时候，将会有股悄无声息然而却不可抗拒的力量来解救你。这种力量你无法看见，但是大多数人却从未怀疑过它的存在。

克劳德·布里斯托尔写道："正是恒久而坚决的努力冲破了所有的阻力，扫尽了所有的障碍。"

詹姆斯·惠特科姆·赖利如是说："坚韧不拔是最不可或缺的品质，是那种绝不允许自己的精力和热情被挫折磨灭的意志，尽管挫折是无可避免的。"

那种无论面对任何艰难险阻都百折不挠的精神是胜利者独具的品格。"坚韧"意味着面对一次又一次的失败却决不退缩,意味着面临巨大的困难却依然奋勇向前。这里有一首无名氏的诗作,我认为每个人都应该将之细读并熟记,并且在出现退缩或止步的念头时拿来激励自己。诗的标题是《不要退缩》。

不要退缩

当事情出错时,不要退缩
因为事情难免会出错
当脚下的征途愈见险峻
当口袋空空、债台高筑
当你想要微笑,却只有愁容
当忧愁似乎要压垮了你的肩膀
歇歇脚吧,如果一定要这样
但是不要退缩
生活总是曲曲折折,让人难以捉摸
就像人人都会了解的那样
失败的来临
就在需要最后的坚持、却退缩了的时刻
尽管步履维艰,也不要停下脚步
再加把劲就会成功
经历了反反复复的失败
接着就是成功
拨开怀疑的迷雾
尽管无法预知成功何时来临
其实它远在天边,近在眼前

所以在挫折重重的时候，不要放开紧握的双手
在最大的困境出现的时候
不要退缩

坚持，直到胜利

（1）为了实现自己的目标，认清自己眼下面临的最大挑战和问题。把它看做检验自己的决心和意志力的试金石。坚定毫不退缩的信念。

（2）回顾自己的过去，看看在什么样的情况下，你正是由于自己的坚持才获得了成功。回想那些面临困难或感到失望的时刻。

（3）在开始追求目标之前要明白，只要自己实现目标的愿望足够强烈，就不会中途放弃。

（4）在遇到的每个问题、困难、障碍和挫折中寻找其中蕴涵的机会与裨益。你总会从中得到某些有益的东西。

（5）无论在什么情况下，都要积极采取对策和行动。在脑海里思考的始终应该是，为了解决困难、实现目标，眼下应该如何做。然后就行动起来，永远不要退缩。

结论篇
今天就行动起来

就制定和实现目标而言,你大概已经学到了仅仅一本书的篇幅所能囊括的最完整的策略。通过将你学到的原则和方法付诸实践,你在今后几年,甚至几个月中的收获就将超过很多人一生的所得。

为了在一生中不断获得成功,你应该培养的最重要的素质就是将你的计划、目标、想法和远见付诸行动的习惯。你尝试得越多,胜利的号角吹响得也就越快。你尝试的次数多少与你的成就大小是直接相关的。下面是关于制定和实现目标的21个步骤,为了让自己活得精彩,试着遵循它们吧!

(1)释放你的潜能——永远记住,你的潜能是无限的。到目前为止,无论你取得了什么样的成绩,也仅仅只是为未来的成就所作的铺垫。

(2)把握自己的生活——不论你如今是什么样的人,在想什么、说什么、做什么,也不论你今后将如何,你都要完全对自己负责。

(3)认清自己的价值观——一个人内心的价值观与信念决定了他是一个什么样的人。花些时间来想清楚,自己究竟相信什么、在意什么。不要背离自己认为正确的信念。

（4）解析自我信念——你的信念对于你情感与行动的影响要超过其他因素。要确定自己具有积极的信念，并且使之与自己追求的目标相一致。

（5）开创自己的未来——试想你无论做什么，都能完全不受限制。在展望和计划未来的时候，只当自己已经拥有了开创未来所需要的所有资源。

（6）确定自己真正想实现的目标——为自己确定一下，究竟什么是自己真正希望实现的。要想获得幸福而富有成就的生活，目标明确是必不可少的。

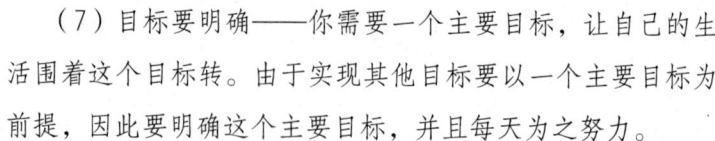

（7）目标要明确——你需要一个主要目标，让自己的生活围着这个目标转。由于实现其他目标要以一个主要目标为前提，因此要明确这个主要目标，并且每天为之努力。

（8）千里之行，始于足下——在你开始追求自己的目标之前，仔细分析一下自己的起点。弄清自己目前的境况，对于希望获得的成就则要实事求是地分析。

（9）制定并完成自己的经济目标——对自己做一次全面的财务状况评估，然后确定你未来想要挣到多少钱和你退休时的身价。你必须重视这些经济目标。

（10）成为行业里的专家——你所具备的能力应该可以使你成为行业里的前10%的佼佼者。把这作为一个目标，每天为之努力，不要半途而废，直到最后成功。

（11）改善你的家庭生活——为你和你的家人创造美满、幸福的生活。确定你想要的理想生活方式，从今天就开始为之努力奋斗。

（12）关注你的健康——下定决心去过健康、平安的长寿人生，让自己时刻保持精力充沛。如果你完全健康，你的外形将会如何？你的感受将会如何？制订一个计划来实现吧。

（13）衡量自己的进展——在追求目标的过程中，要制定衡量进展的标准。这样的标准有助于衡量你的进展状况，并且可以使你对于自己的行动进行必要的调整和修正。

（14）清除障碍——成功的精髓，决定于实现目标的过程中解决问题和清除障碍的能力。幸运的是，解决问题和清除障碍的能力是可以通过实践来掌握的，掌握这一能力，有助于你更快地实现目标。

（15）跟值得交往的人交往——对于跟谁在一起生活、工作和交往的问题，你的选择对于成功的影响要大于其他因素。今天就下定决心，跟你喜欢、尊敬乃至敬仰的人多多接触。如果希望成为雄鹰，就要与鸿鹄展翅齐飞。

（16）制订行动计划——一个普通人如果有了完备的行动计划，就会超过没有计划的天才。提前进行计划和组织的能力能够使你实现更为宏大和复杂的目标。

（17）把握好时间——通过有效地安排时间，来让自己的工作效率以两倍甚至三倍的速度增长。在行动之前，一定要把事情按照轻重缓急排序，然后把时间集中花在最有意义的事情上。

（18）每天温习自己的目标——每个月、每周乃至每天都要花些时间，来温习和评估自己的目标，从而确定自己仍然行进在正确的轨道上，在为那些重要的目标努力。要做好准备工作，在获得新信息后修正自己的目标。

（19）不断描绘理想图景——指挥自己来描绘理想图景。

你的想象就是对于未来的精彩所作的预演。把自己的目标看做已经实现，不断去"打量"它。你描绘的图景越清楚、越激动人心，你就越能够激发自己的潜能。

（20）开启自己的超意识——在你身上和周围有一种不可思议的力量，能够将你希望的任何事情变为现实。定期花些时间来探索这片思想与潜力的浩瀚大海。

（21）坚持，直到胜利——你比别人坚持的时间更长这一品质是成功的保证。坚持就是自觉地采取行动，它是检验你的自我信念的试金石。在行动之前就要下定决心，永不放弃！

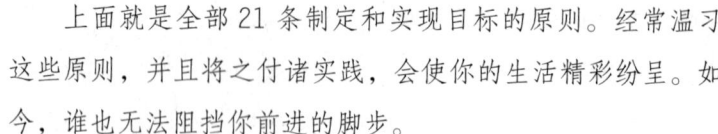

上面就是全部21条制定和实现目标的原则。经常温习这些原则，并且将之付诸实践，会使你的生活精彩纷呈。如今，谁也无法阻挡你前进的脚步。

祝你好运！